Jeanne Vassal

Pile ou Face

Illustrations de Charles VILLOUTREIX

Pour les nouvelles :
Charles Berberian et Philippe Dupuy

CLE
international

27, rue de la Glacière. 75013 Paris.
Vente aux enseignants : 16, rue Monsieur-le-Prince. 75006 Paris.

Éditorial

Les professeurs et les élèves familiers de Pile ou Face retrouveront dans le niveau 2 la structure générale de la méthode :

Le côté Pile : six numéros d'un magazine pour adolescents.
Le côté Face : l'étude de la langue, la phonétique et les pense-bête.
La Boîte à outils : mini-encyclopédie qui regroupe tous les matériaux, dénominateurs communs du Livre de l'élève.

Pile ou Face 2 illustre non seulement l'interaction langue/culture, mais aussi l'opposition entre le passé et le présent (hier/aujourd'hui) qui sous-tend la culture française.

Côté Pile :

L'approche interdisciplinaire permet à ce niveau d'utiliser la langue française dans les principales disciplines enseignées au collège : histoire, géographie, sciences sociales ou économie.

Alors qu'au début du niveau 1, presque tous les matériaux présentés dans le Livre de l'élève étaient indispensables pour poser les fondements de la langue, le niveau 2 propose trois itinéraires pédagogiques que le professeur pourra moduler en fonction de ses objectifs et des contraintes de l'enseignement (horaire, niveau et nombre des élèves...) :

P *Passages obligés* : les textes indispensables sur lesquels s'appuie, dans Face, l'étude de la langue (ces textes, imprimés en caractères plus grands, sont analysés dans le livre du professeur).

I *Itinéraire bis* : des textes complémentaires (coups d'œil, informations, légendes et agenda des sommaires) pour une lecture-repérage ou pour une étude approfondie (selon l'horaire disponible et le niveau des élèves).

LE *Lecture-évasion* : des textes destinés à susciter et satisfaire le plaisir de la lecture-distraction : six nouvelles écrites spécialement pour Pile ou Face, des bandes dessinées, des histoires drôles (pour lesquelles le livre du professeur suggère des voies d'exploitation).

Côté Face :

La phonétique constitue le prolongement du programme du niveau 1 : elle comporte des dialogues « en situation » qui illustrent les échanges de la vie quotidienne.
Le pense-bête présente des « actes de parole » bien identifiés, pour lesquels sont proposées des formulations dans différents registres.
Enfin, une rubrique « *jeux de mots* » initie les élèves aux principes de dérivation et de construction des mots dans la langue française.

Par ailleurs, *le cahier d'exercices* propose un entraînement méthodique à la rédaction des lettres.

Quatre cassettes pour l'exploitation collective en classe et *une cassette* individuelle permettent un travail approfondi à l'oral.

À tous, nous souhaitons un voyage agréable dans le temps et dans l'espace... de Pile ou Face 2.

© CLE International 1992. ISBN 2-19-033391-2

PILE N° 1

Baleine faisant la queue dans la mer des Caraïbes

Grèce :
Festival à l'Odéon d'Hérode Atticus à Athènes

Jean-Pierre Hatchondo

SOMMAIRE

UNITÉ		PAGES	
1	**REPORTAGE AUJOURD'HUI** Les enfants de la baleine	4	66
2	**VIE PRATIQUE** Trouvez votre style !	6	70
3	**RENCONTRE** Avec Jean-Pierre, musicien amateur	8	74
4	**RÉCIT** Compte	10	
5	**ENTRACTE**	12	

SEPTEMBRE OCTOBRE

Début septembre :
Rentrée des classes pour 12,4 millions d'élèves des écoles, collèges et lycées français (soit 22 % de la population).

Septembre : Le festival de danse, de musique et de théâtre qui a lieu à l'Odéon d'Hérode Atticus, est organisé tous les ans.

Dernier dimanche de septembre : **Heure d'hiver.** Tous les Européens (à l'exception des Anglais et des Irlandais) retardent leur montre d'une heure.

Les 19 et 20 octobre, c'est **la fête du livre** en France... Expositions, rencontres avec les écrivains, prix littéraires, concours de poésie... Une grande place est faite à la lecture pour les jeunes...

Trois 3

PILE N° 1
Unité 1

Reportage

AUJOURD'HUI

*Destination : le pays des baleines blanches.
Ils ont entre 11 et 15 ans,
ils partent en voilier pendant un an.
Sans parents et sans professeurs.
À l'école de la vie !*

2
La vie à bord
Tous dans le même bateau, tous solidaires, mais chacun avec son caractère...

« *On s'entend tous très bien à part quelques petits accrochages...*

On se baigne à volonté, on rigole et on s'engueule, mais tout ça fait partie de la vie... »

(Jean-Baptiste, 14 ans.)

Cette information diffusée par Radio Pile comporte sept erreurs : trouvez-les !

1
Chaque année, l'association « La Baleine blanche » emmène des enfants en voilier, à la découverte du monde, des autres et... d'eux-mêmes.

À 100 kilomètres d'Haïti, en plein Atlantique, ils ont rendez-vous au Banc d'Argent avec des milliers de baleines à bosse.

Cette année, ils sont dix adolescents (trois filles et sept garçons) et trois capitaines (adultes) sur deux bateaux : *Bilbo* et *Ringolevio*.
La sélection est sévère.

D'après *Mikado*, n° 91 - Mai 1991, © Éd. Milan.

PILE N° 1
Unité 1

3
Le carnet de bord

Victor, blond Parisien de 13 ans, rédige son carnet de bord.
Des extraits des textes des enfants sont publiés dans
les *Feuillets*
de La Baleine blanche.

Coup d'œil
La baleine à bosse

4
Au Banc d'Argent ••

Trois adultes, dix enfants, trois mille baleines...

« *Mon cœur battait à 100 à l'heure !
Elles sont belles les baleines,
elles nagent sans effort.
Elles sont énormes !
C'est fou !* »

Les enfants de la baleine

★

8
HIER

1592 - Un flibustier dans la mer des Antilles.

5
La cuisine

Chacun met
la main à la pâte.

6
À terre...

... les enfants de la baleine
se transforment
en explorateurs,
en naturalistes,
en reporters.

★

7 Le retour ••

Ce n'est pas toujours simple.
« *Au retour, quand on voit les autres
de notre âge, c'est bizarre, on n'est plus
sur la même longueur d'ondes...* »

(Nic, « un ancien ».)

« *D'un côté, je suis content
de retrouver la France,
de revoir mes parents...
Mais je suis triste
que la traversée se termine.* »

(Pascal, 14 ans.)

Cinq

PILE N° 1 Unité 2

Vie pratique

Trouver son style, sa personnalité, c'est savoir se maquiller, se coiffer, choisir une tenue.

Trouvez votre style !

Avant

1

Devenez une autre !

Blonde avec des yeux clairs, Noëlle a quatorze ans et mesure 1,65 m pour 45 kilos. D'origine bourguignonne par sa mère, elle habite un pavillon à Sartrouville, près de la Défense. Elle a un frère de sept ans, un adorable chat roux nommé « Tison » et une tortue « Lulu » ramenée de vacances en Corse... Élève de troisième, Noëlle veut être plus tard juge pour enfants.

Cette interview réalisée pour Télé Face comporte sept erreurs : trouvez-les !

2
Luttez contre les points noirs avec un bon masque de fruits frais !

Mélangez une pomme de terre cuite avec une banane.
Étalez votre masque en couche épaisse sur tout le visage. Posez deux petits cotons humides sur vos yeux et allongez-vous pendant vingt bonnes minutes. Profitez de cet entracte pour écouter de la musique douce... Le rêve !

Mikado, n° 79 - Mai 1990, © Éd. Milan.

3

Première étape : le maquillage

Noëlle veut rester naturelle : une poudre transparente, un peu de mascara sur les cils, un rouge à lèvres clair pour la bouche.

Deuxième étape : la coiffure

Les cheveux de Noëlle sont coupés mèche à mèche.
Souples et mi-longs, ils mettent son visage en valeur.

Après

Document 4
a. Qu'est-ce que le jeune garçon veut acheter ?
b. Dans quel magasin va-t-il ?
c. Est-ce que la vendeuse comprend son jeune client ? À votre avis, pourquoi ?
d. La vendeuse est désagréable avec le jeune vendeur : pourquoi ?
e. Comparez l'attitude des deux vendeurs.

4

Osez choisir votre tenue !

JE suis allé chez « Jeans et Cie » où vont tous les copains et je suis tombé sur une vendeuse d'au moins trente ans qui faisait exprès de ne rien comprendre.
— Vous trouverez ce qu'il vous faut au rayon enfants, répétait-elle, allez au premier...
— Mais je veux une salopette pour homme... Une grande taille.
— Mais cela ne vous ira pas, mon petit.
Heureusement, un jeune vendeur s'est approché, les mains dans les poches :
— Je sais ce qu'il veut, a-t-il lancé.
La vieille vendeuse l'a fusillé du regard :
— On ne vous a pas dit qu'il ne fallait pas mâcher du chewing-gum devant la clientèle ?
Et elle est partie. Le vendeur m'a fait un clin d'œil :
— Pas d'affolo, m'a-t-il dit en mâchouillant, j'ai ce qu'il te faut.
Il m'a sorti une salopette super large, exactement ce que je cherchais.

Marie-Aude Murail, *Moi, le zoulou*, *Je bouquine* - Juin 1991, © Bayard Presse.

Rencontre

1
Portrait

Jean-Pierre Hatchondo a 21 ans. Il a fait des études de mathématiques au lycée Buffon et à la faculté d'Orsay. Il a une licence de mathématiques. Sa passion ? La musique. À 17 ans, avec son frère et des amis, il a créé son premier groupe.

★

2

Pile ou Face : Jean-Pierre, vous êtes musicien ? Qu'est-ce que vous faites ?

Tout d'abord, je suis musicien amateur : je fais des études, et la musique n'est pas encore un métier, c'est un plaisir. Je chante dans un groupe, je m'accompagne à la guitare, je chante aussi dans une chorale...

Quelles sont vos idoles ?

Au début, les Beatles ! Après, j'ai découvert d'autres chanteurs anglo-saxons, les Rolling Stones, Jimmy Hendrix ou Bob Dylan, puis, des chanteurs français : Renaud, puis Higelin, Thieffaine, mais aussi Brassens, Gainsbourg... et beaucoup d'autres...

Comment faire en même temps des études et de la musique ?

Je ne sais pas trop... En fait, les périodes où j'étudie vraiment, ce sont les périodes où je fais le plus de progrès en musique. Quand je travaille, je travaille les deux domaines en même temps. Et puis, il y a des périodes où je ne fais rien du tout !

Comment avez-vous commencé ?

Pour moi, la musique, ça a commencé quand j'étais petit, tout petit. J'ai fait mon premier enregistrement à cinq ans : je chantais avec mes copains, avec mes parents...

Et ensuite ?

Vers l'âge de 13 ou 14 ans, j'ai commencé à apprendre un peu de guitare, et après, des chansons. Je cherchais des livres, je me disais : « Tiens, je vais chanter cette chanson des Beatles »... et peu à peu j'ai appris, comme ça...

Avec Jean-Pierre musicien amateur

Vous ne pensez pas abandonner l'un pour l'autre?
Oui, un jour ou l'autre, fatalement... il va falloir choisir.

Vous avez créé un groupe?
Oui, avec mon frère et un ami.

Et vous composez des chansons?
J'essaie.

Est-ce que vous avez joué en public? C'est difficile en France?
Ça c'est mon problème en ce moment! On a réussi à faire deux concerts gratuits... Pour passer en public, il faut d'abord enregistrer une cassette avec deux ou trois chansons, en studio, avec du matériel...

En professionnel?
En professionnel, c'est ça. Cette cassette, c'est un passeport pour trouver une salle... Mais, pour enregistrer une bonne cassette, il faut avoir l'habitude de jouer en public... On ne sait pas trop par quoi commencer...

Vous avez le trac?
Oh! oui, beaucoup.

Vous faites des maths et de la musique? Ça va ensemble?
Oui. Tout à fait. Il y a beaucoup d'exemples de musiciens-mathématiciens ou de mathématiciens-musiciens...

---

a. Qu'est-ce qu'un musicien amateur?
b. À quel âge Jean-Pierre a-t-il créé son premier groupe? Avec qui?
c. Quand a-t-il fait son premier enregistrement?
d. Quels chanteurs préfère-t-il?
e. Quels sont ses projets?
f. Jouer en public est difficile : pourquoi?
g. D'après Jean-Pierre, musique et mathématiques vont ensemble : à votre avis, pourquoi?

Récit

Compte

Je suis entré dans le salon. Ma mère lisait un magazine. Elle n'a pas levé les yeux, elle ne m'a pas regardé. Je me suis dit : je compte jusqu'à vingt. Si à vingt elle ne m'a pas adressé la parole, je fais mon baluchon et je disparais pour toujours. Je le jure.
Un... deux... trois... quatre... cinq...
Je sais bien qu'elle ne m'aime pas.
Six... sept... huit... neuf...
Si je n'existais pas, elle pourrait sortir, s'amuser, se remarier peut-être.
Dix... onze... douze... treize...

10 Un autre jour, j'ai entendu ce qu'elle disait à sa copine Annie. « J'ai beaucoup de soucis avec lui. » Voilà ce qu'elle a dit.
Quatorze... quinze... seize...
Ça fait des mois qu'elle ne m'a pas embrassé.
Dix-sept... dix-huit...
15 Cette nuit, elle a pleuré.
Dix-neuf... dix-neuf... dix-neuf...
Maman... maman...
Dix-neuf... vvv...
— Mais qu'est-ce que tu fais là ? File te coucher !
20 Il était temps...
Merci, maman ! ∎

Par Bernard Friot
Histoires pressées, collection Zanzibar, © Éd. Milan.

Entracte

1 Les bonnes résolutions de la rentrée : TRÉBOR

AUSSITÔT DIT... ...AU... AU... AUSSITÔT... ...COMM... COMMENCÉ...

Claude Lapointe, *Phosphore*, n° 104.

2 Une chanson

Le rafiot de Mireille

Refrain

Où es-tu Mireille ?
Sur quel océan ?
Où es-tu Mireille ?
Le monde est si grand.
Je vois des baleines,
J'entends les marins,
Je veux que tu m'emmènes,
Quand est-ce que tu viens ?

Écoutez la chanson et :

a. Repérez les mots suivants :
espadrilles - s'habille - soleil - télévision - tien - vieilles - viens.
b. Classez-les selon l'ordre d'apparition.
c. Dans ces mots, écoutez les sons [εj], [jε̃], [jɔ̃], [ij].

PILE N° 2

Ce n'est pas grave de gagner ou de perdre... sauf quand on perd

Allemagne : Mstislav Rostropovitch au pied du mur

Est-ce Athos ? Porthos ? Aramis... ou d'Artagnan ?

SOMMAIRE

UNITÉ		PAGES	
1	**REPORTAGE - HIER** Vivre au temps des Mousquetaires du Roi	14	79
2	**TEST** Quel type d'ami(e) êtes-vous ?	17	83
3	**ENQUÊTE** Filles ou garçons : quelles chances de réussite ?	18	86
4	**RÉCIT** Cochonou	20	
5	**ENTRACTE**	22	

NOVEMBRE DÉCEMBRE

1er novembre : C'est la **Toussaint**. Les Français vont au cimetière pour fleurir la tombe de leurs morts. On vend des chrysanthèmes, la fleur des cimetières. Il y a beaucoup d'embouteillages... et d'accidents sur les routes.

9 novembre : Anniversaire de la chute du mur de Berlin en 1989.

11 novembre : Anniversaire de l'armistice de 1918. Le Président de la République s'incline devant le tombeau du Soldat Inconnu, sous l'Arc de Triomphe de Paris.

25 décembre : Noël. Pour les Français, Noël représente 11 millions de sapins, 25 000 tonnes de chocolat, 50 000 tonnes d'huîtres, 15 tonnes de dindes, 5,5 millions de poupées et... 300 000 lettres au Père Noël. Les élèves ont deux semaines de congés.

Treize 13

Reportage

HIER

1
Vivre en ville...

Avec 220 000 habitants, Paris est la troisième ville d'Europe (après Londres, 500 000 habitants et Naples, 280 000 habitants, mais avant Venise, Amsterdam et Madrid).

C'est une ville sale et dangereuse : il n'y a pas d'égouts, pas d'éclairage public. Des animaux se promènent en liberté dans les rues. Les encombrements de la capitale sont célèbres.

On construit beaucoup, mais si les quais de la Seine et les hôtels du Marais sont en pierre, les maisons, elles, sont souvent en bois.
L'eau est un luxe : 35 fontaines pour 220 000 habitants donnent à peine un litre d'eau par personne et par jour.

2
Coup d'œil

« Un pour tous, tous pour un »
C'est la devise des « Trois Mousquetaires », les héros du roman d'Alexandre Dumas.
Mais les Mousquetaires existent dans toutes les grandes armées européennes. Leur nom vient de leur arme : le fameux « mousquet ».

Vivre au temps des Mousquetaires du Roi

PILE N°2
Unité 1

3
Coup d'œil
Le duel
Les jeunes gens pauvres de province
« montent » à Paris pour devenir gardes ou Mousquetaires.
Les jeunes nobles adorent se battre et les duels sont
trop nombreux.
Il faut punir de mort
plusieurs duellistes
pour calmer les esprits.

4
Coup d'œil
En 1640, deux enfants sur dix
meurent avant l'âge de 5 ans et
l'espérance de vie d'un
Mousquetaire est de... 20 ans, à peine !

5
Test : Êtes-vous fort en histoire ?

Les Trois Mousquetaires connaissaient-ils ?
la pomme de terre ✓
la machine à calculer ✓
la montre ✓
le baromètre ✓
le riz ✗
la peinture en tube ✗
le thermomètre médical ✗
la machine à vapeur ✗
le billard ✓
le microscope ✓

★

Plus de 8 réponses exactes : bravo !

Entre 5 et 7 réponses exactes :
consultez une encyclopédie !

Moins de 5 réponses exactes :
consultez une encyclopédie et refaites le test !

Quinze 15

Reportage
(suite)

6
... et à Versailles

Il a fallu treize ans de travaux et 35 000 ouvriers pour construire le palais du Roi-Soleil, à 20 km de Paris. Louis XIV et sa Cour (10 000 personnes) s'y installent en 1683. Le palais est splendide... mais il manque de confort. Il est très sale : il n'y a pas d'eau, pas de toilettes et les grands seigneurs se mouchent dans les rideaux ! Dans les chambres et les couloirs, l'odeur est affreuse, surtout en été : le Roi quitte alors Versailles pour un autre château plus confortable.
Il n'y a pas de chauffage et, en hiver, il fait très froid : en 1695 et en 1715, le vin du Roi a gelé !

D'après À Versailles au temps de Louis XIV, *J.-P. Albert, © Nathan.*

Sabine et Jean-François font un exposé en classe. Ils se sont trompés dix fois : aidez-les à trouver leurs erreurs !

7
Coup d'œil
Louis XIV Le Grand (1638-1715)

Louis XIV devient roi à l'âge de cinq ans à la mort de son père, le roi Louis XIII. Sa mère et le cardinal Mazarin gouvernent en son nom, jusqu'en 1661. À la mort de Mazarin, et jusqu'à la fin de sa vie, il règne en maître sur la France pendant 54 ans. Un record !

★

8
AUJOURD'HUI

Depuis 1873, le président de la République française habite au palais de l'Élysée à Paris. Un palais qui comporte 365 pièces, 650 téléphones et... 382 pendules. Le drapeau à l'entrée indique que le président n'est pas en voyage à l'étranger.

Test

Pour chaque question, choisissez la réponse que vous préférez :

1 À vos yeux, le meilleur ami de l'homme c'est :
   a. le chat,
   b. le chien,
   c. le cheval.

Vous trouvez les résultats de ce test page 22

Quel type d'ami(e) êtes-vous ?

2 Vous arrivez en vacances : vous ne connaissez personne. Lorsque vous repartez, vous laissez votre adresse à :
   a. une bande d'ami(e)s,
   b. un(e) ami(e),
   c. personne.

3 En classe :
   a. vous avez toujours les mêmes ami(e)s,
   b. vous vous faites chaque année de nouveaux (nouvelles) ami(e)s,
   c. vous ne choisissez jamais vos ami(e)s parmi les élèves de votre classe.

4 Pour vous, un(e) ami(e) c'est :
   a. un copain (une copine),
   b. plus qu'un copain (une copine),
   c. autre chose qu'un copain (une copine).

5 Votre devise, c'est :
   a. « Les amis de mes amis sont mes amis »
   b. « Qu'un ami véritable est une douce chose ! » (La Fontaine)
   c. « Ce qui est à moi est à moi, ce qui est à toi est à toi ».

6 Un(e) ami(e) n'est plus votre ami(e) quand :
   a. il (elle) devient indiscret (indiscrète),
   b. il (elle) refuse de partager ou de prêter,
   c. il (elle) vous ment.

7 Avec vos ami(e)s, vous aimez :
   a. vous promener sans but,
   b. préparer un exposé,
   c. voir un bon film au cinéma.

8 En voyage, vous emportez dans vos bagages :
   a. un jeu de société,
   b. un ballon de volley,
   c. un mini-jeu électronique ou un livre.

Enquête

Filles ou garçons : quelles chances de réussite ?

*Filles et garçons n'apprennent pas
et ne réussissent pas de la même manière :
question d'intelligence, de comportement...
ou de culture ?*

1
Faits

Les filles apprennent à parler plus tôt, à lire plus vite que les garçons.
Les garçons marchent très tôt.
En classe, les filles travaillent mieux que les garçons,
redoublent moins souvent et ont de meilleurs résultats au bac.

Alors, pourquoi trouve-t-on si peu de femmes aux postes de direction ?
Parce qu'elles sont moins combatives que les garçons ?
Ou parce qu'il faut sortir d'une grande école qui prépare à ces postes...
Et les grandes écoles ne sont ouvertes aux filles que depuis vingt ans !

D'après cette enquête, quels sont les points forts des filles et les points forts des garçons ?

2 Opinions 👁👁

Pile ou Face a interrogé quelques jeunes pour en savoir plus :

Anne, vous préférez un collège mixte ou un collège où il n'y a que des filles ou que des garçons ?
Moi, je préfère les collèges mixtes. Dans notre classe, on est 19 filles et 12 garçons et c'est très bien.

Et vous Sébastien ?
Moi, non !

Ah bon ! Pourquoi ?
Ben... d'abord, il y a plus de filles que de garçons... et puis, les filles ont toujours les meilleures notes...

Les meilleures notes dans toutes les matières ?
Mais non, tu exagères Sébastien. Moi, par exemple, je préfère le français et les langues... Toute petite, j'aimais déjà lire... alors je travaille plus ces matières et, du coup, j'ai de bonnes notes.

Et vous, Sébastien, quelles sont vos préférences ?
Moi, je suis fort en maths : j'aime ça... et aussi les cours de techno.

De techno ?
Oui, de technologie... Et puis, il y a le sport : les filles, on les bat toujours au volley, et en foot... elles n'existent pas !

3 Commentaire

Interview de Bianka Zazzo, psychologue :

Est-il vrai que les filles montrent davantage le goût d'écrire ?

C'est net. Elles lisent et écrivent plus. Peut-être parce qu'elles ont plus besoin de communiquer avec des mots.

Les garçons ont plutôt besoin de bouger. C'est peut-être pour cela que leur goût les mène le plus souvent vers la bande dessinée : il y a peu de mots, et beaucoup de mouvement.

★

Chez les filles, on observe, quelquefois, une difficulté avec les mathématiques...

De moins en moins. Et les filles qui se présentent aux bacs scientifiques réussissent très bien...

D'après *Okapi* n° 458
Mai 1991, © Bayard Presse.

Récit

Cochonou

Tout le monde se moque de lui. C'est vrai qu'il est gros et rose comme un petit cochon. Mais personne ne se moque des petits cochons : au contraire, on les trouve très mignons. Lui, non, parce que c'est un garçon et qu'en plus il porte des lunettes épaisses comme des hublots. Il me fait de la peine
5   et pourtant, comme les autres, je me fiche de lui et je rigole quand on l'embête. Le soir, quand je suis tout seul, j'ai un peu honte, mais je n'en parle à personne, parce que moi, je suis comme tout le monde.
Le pire, c'est à la gym. Le prof l'oblige à grimper à la corde. Cochonou — enfin, Antoine Pommier (mais on l'appelle Cochonou) — s'aggripe à
10 la corde et reste accroché sans pouvoir grimper d'un centimètre. Il devient tout rouge, prêt à éclater. Le prof compte : « 1, 2, 3... » Et Cochonou tombe comme un fruit trop mûr. Là, on éclate tous de rire, le prof plus fort que les élèves. Moi aussi, je ris, mais j'ai comme une grosse boule dans la gorge. Cochonou, lui, ne dit rien. Il ramasse ses lunettes et va s'asseoir dans un
15 coin. Je lui en veux de ne rien dire, de ne pas crier, de ne pas se battre. Je le ferais bien à sa place... mais je n'ose pas.
Si encore Cochonou, je veux dire Antoine Pommier, était bon élève, mais même pas, il est moyen, archi moyen ! Il est juste gentil. Il est comme ça Antoine Pommier et ça m'énerve terriblement.

20 Hier, Xavier lui a pris son cartable et l'a jeté par-dessus le mur d'un jardin. Ça m'a mis hors de moi, mais comme Xavier est le plus grand et le plus costaud de la classe, je n'ai rien dit.
Cochonou restait là, sur le trottoir, regardant les autres s'enfuir en riant. Je me sentais mal pour Cochonou, mal au creux du ventre.
25 — Pourquoi tu te laisses faire tout le temps ? Pourquoi tu...
Cochonou a mis un doigt devant sa bouche. Il souriait, ses lunettes reflétaient tout l'or du soleil et ça m'obligeait à fermer les yeux.
— C'est pas grave, je vais te dire, je ne suis pas d'ici.
— T'es d'où alors ?
30 — De là-haut.

— Là-haut où ?
— Ben là-haut, là où il n'y a plus de cartable, plus de prof de gym, plus de Xavier. Tu veux faire un tour ?

Il a ouvert son manteau. Dans son dos, il avait des ailes un peu froissées à cause du manteau, mais des ailes quand même. Il m'a pris la main et hop ! en deux ou trois battements, on s'est retrouvé au-dessus des toits, des antennes de télé et même plus haut que les avions.

— Ça t'épate, non ?
— Heu... oui.
— J'ai quatre mille ans, je suis un ange. Tu as vu les anges dans les églises, eh bien, moi aussi, je suis un ange. On m'a envoyé pour voir comment ça se passe en bas. J'ai vu. Maintenant, on va regarder ce qu'on peut faire pour changer tout ça, parce que c'est en mauvais état. Bon, je te dépose chez toi ?

Il n'avait plus rien à voir avec le petit gros maladroit suspendu à sa corde. Il bondissait de nuage en nuage, aussi léger qu'une bulle. Moi, j'avais un peu le vertige. Il m'a déposé dans le jardin, m'a serré la main.

— Eh bien, adieu ! Ça m'a fait plaisir de te connaître.

Au moment où il allait s'envoler, je l'ai rattrapé par une aile et une plume m'est restée dans la main.

— Pourquoi t'as rien dit aux autres ?
— Ils ne m'auraient pas cru et puis, j'étais déjà bien assez différent comme ça, non ? C'est qu'ils n'aiment pas ça, la différence ! Ça les dérange. C'est pourtant beau, la différence, ça devrait se porter comme un bijou de famille... Allez, bonne chance !

Il est parti dans le ciel, comme un ballon... léger... léger...

Le lendemain, à l'école, le prof de gym nous a appris qu'Antoine ne reviendrait plus. Il n'a pas expliqué pourquoi. Tout le monde se sentait mal à l'aise, honteux, sauf moi qui me chatouillais le nez
avec une belle plume blanche. ■

Par Pascal Garnier

Entracte

1 Résultats du test de la page 17 « Quel type d'ami(e) êtes-vous ? »

Pour chaque question, repérez votre réponse et comptez 1 point dans la colonne correspondante (2 points quand la lettre est en couleur).

Questions N°	■	●	▲
1	b	a	c
2	a	c	b
3	b	c	a
4	c	a	b
5	a	c	b
6	b	a	c
7	b	c	a
8	b	c	a

Les ■ dominent :
Vous savez aller vers les autres, donner et recevoir. Amis ? Copains ? Peu importe : vous aimez partager, échanger. Vos contacts sont faciles. Trop faciles ?

Les ● dominent :
Vous êtes indépendant et l'amitié ne doit pas gêner votre indépendance. Vous savez être fidèle à condition de vous sentir libre. Trop libre ?

Les ▲ dominent :
Pour vous l'amitié est un sentiment très fort. Vous avez peu d'amis, mais en général, c'est « pour la vie ». Vous êtes fidèle, mais exigeant. Trop exigeant ?

2 Deux devinettes

1) Quand je sors, je les porte. Elles aussi me portent. Qu'est-ce que c'est ?

2) Quand on m'enlève une, deux, trois ou quatre lettres, je reste toujours le même. Qui suis-je ?

Solutions des devinettes : 1) des chaussures 2) le facteur

3 Un poème 🔊

Je passais au bord de la Seine
Un livre ancien sous le bras
Le fleuve est pareil à ma peine
Il s'écoule et ne tarit pas
Quand donc finira la semaine ?

Guillaume Apollinaire, *Marie (Alcools)*

4 Une chanson 🔊

Paul, Bernard, Isabelle et moi

Refrain
Une belle bagarre se prépare,
Regardez Paul et Bernard,
Partis pour se battre en duel
Pour les beaux yeux d'Isabelle.

Écoutez la chanson et :

a. Repérez les mots suivants : bagarre - beaux - débiles - dents - duel - frappent - Paf - par terre - pitres.
b. Classez-les selon l'ordre d'apparition.
c. Dans ces mots, écoutez les sons [p], [b], [t], [d].

PILE N° 3

Rendez-vous à la Fontaine des Innocents

Pays-Bas : je patine, tu patines, il patine... sur un canal gelé

Sophie Solal

SOMMAIRE

UNITÉ		PAGES
1	**REPORTAGE AUJOURD'HUI** Les mystères du sous-sol de Paris	24 91
2	**VIE PRATIQUE** Gérez votre argent de poche !	26 93
3	**RENCONTRE** Avec Sophie Solal, écrivain en herbe	28 97
4	**RÉCIT** L'autre	30
5	**ENTRACTE**	32

JANVIER FÉVRIER

L'Europe a froid... et goûte aux plaisirs des sports d'hiver.

6 janvier : L'Épiphanie, la fête des Rois. Les boulangers et les pâtissiers vendent la traditionnelle galette des rois : elle cache toujours une « fève » et elle est vendue avec une couronne en papier doré. Le jour des Rois, on « tire les rois » : on mange la galette et le convive qui trouve la fève est sacré roi ou reine. Il coiffe la couronne et choisit sa reine ou son roi.

2 février : C'est la Chandeleur ! Depuis 1393, les Français préparent pour cette fête des crêpes qu'ils font sauter en l'air pour les retourner. Ferez-vous aussi bien que Judith Aldridge, qui détient le record du monde ? Elle a fait sauter une crêpe 281 fois en deux minutes !

Reportage

AUJOURD'HUI

*Vous connaissez déjà le métro et le R.E.R. :
découvrez avec nous,
dans le sous-sol de Paris,
les égouts et les Catacombes.*

2
Coup d'œil
Visite des égouts
Chaque année, 100 000 curieux se promènent en barque dans les égouts et visitent le musée des Égouts de Paris. Rendez-vous au pont de l'Alma chaque jour de 11 h à 17 h, sauf le jeudi et le vendredi.

Écoutez l'enregistrement et trouvez à quel document chaque scène correspond.

1
Il est 13 heures. Sur la petite place, il y avait marché ce matin. Des balayeurs nettoient la chaussée et les trottoirs à grande eau. Dans un immeuble, une femme fait la vaisselle et vide son évier. Un enfant prend une douche, puis va aux toilettes où il tire la chasse. Et toute cette eau sale part pour un grand voyage dans les égouts de Paris. Et quel voyage !

Les 2 200 kilomètres d'égouts de Paris (la distance de Paris à Istanbul) ont plus de 150 ans. Ils sont uniques au monde ! À chaque rue, correspond en sous-sol une galerie et une plaque bleue avec le nom de la rue. À chaque immeuble (il y a 63 000 immeubles à Paris !), un égout avec le numéro de cet immeuble.

D'après *Science et Vie Junior*
n° 23 - Février 1991.

3

Pile ou face — Vous êtes l'un des 400 égoutiers de Paris : en quoi consiste votre travail ?
Égoutier — Je surveille le réseau avec ce petit ordinateur, relié à l'ordinateur central.
Pile ou face — Comment circulez-vous ?
Égoutier — Vous voyez : en bateau.
Pile ou face — Ça doit être assez pénible de travailler en sous-sol...
Égoutier — Pénible et dangereux.
Pile ou face — Dangereux ?
Égoutier — Oui, à cause des gaz toxiques, des rats. Et il nous arrive de tomber dans l'eau !
Pile ou face — Dans cette eau sale ?
Égoutier — Eh oui, ça arrive !

★

Les mystères du sous-sol de Paris

5
HIER

En 1832, pour échapper à la police, Jean Valjean et Marius, les héros des *Misérables* de Victor Hugo, se cachaient dans les égouts, « dans une sorte de long corridor souterrain. Là, paix profonde, silence absolu, nuit ».

4
Les Catacombes

Vous descendez à la station Denfert-Rochereau, dans le sud de Paris, et vous découvrez dans le sous-sol de la capitale... des milliers d'ossements entassés. Jusqu'en 1786, il y avait au cœur de Paris — là où se trouve maintenant le Forum des Halles — un vaste cimetière : le cimetière des Innocents.
En 1786, pour créer, à la place de ce cimetière, le plus grand marché de la capitale, les Halles, on a transporté ces ossements dans des carrières à l'extérieur du Paris de l'époque. Ces carrières sont devenues les Catacombes.

PILE N°3
Unité 2

Vie pratique

Gérez votre argent de poche !

1
Le gagner : faites preuve d'imagination !

Temps libre, petites ou grandes vacances, proposez vos services.
• La maison : les coups de main y sont gratuits mais, parfois, vous pouvez lancer des propositions. À vous d'ouvrir les yeux pour repérer les corvées [...]
• Les voisins et les amis : le *baby-sitting* reste un classique pour les juniors. Vous pouvez aussi vous regrouper pour laver des voitures, porter des journaux [faire des courses], repeindre les volets ou tondre les pelouses du quartier.

Gérard Simonet, *L'argent de poche*, © Éd. Nathan.

2
L'épargner : tirelire ou compte en banque ?

Les banques vous attendent avec des solutions de plus en plus nombreuses. Mais si vous préférez garder chez vous l'argent que vous gagnez, méfiez-vous de votre machine à laver : elle ne fait pas la différence entre un billet de cent francs et un mouchoir sale !

Répondez à six questions sur ce dossier.

3
La fauche, ou « tous les moyens ne sont pas bons »

Je suis retourné à « Jeans et Cie » avec Alexandre. La vendeuse a foncé sur nous.
J'ai cru qu'elle allait nous crever les yeux avec les ongles.
— Vous avez le toupet de revenir ici ! Vous savez que je devrais appeler la police ?
— Qu'est-ce qu'on a fait ? a bafouillé Alexandre en cognant dans la porte.
— Et le pin's* du Super Bowl**, hier ? Vous croyez que je n'ai pas vu votre petit manège ? Quand vous êtes ressortis, il n'était plus sur le comptoir. Ne remettez plus jamais les pieds, ici, espèce de... loubards ! Ah, vos parents peuvent être fiers...

Nous nous sommes sauvés. Tous les gens nous regardaient. Ils disaient :
— Si c'est pas malheureux, ils sont tous comme ça, maintenant [...]

Dans la rue Saint-Antoine, nous avons repris notre souffle et, en même temps, nous avons dit :
— C'est toi qui l'as piqué ? [...]
Alexandre a juré qu'il n'avait rien fauché. J'ai juré aussi.

Marie-Aude Murail, *Moi, le zoulou*, *Je bouquine* - Juin 1991, © Bayard Presse.

* Un pin's : une épinglette.
** Super Bowl : finale du championnat de football américain.

4

Pour vous aider à vous lancer dans la vie, la Poste a conçu un nouveau produit, le compte jeune Odyssée, spécial 13-18 ans.

5
Le dépenser : gare aux pièges !

• Méfiez-vous
de vos coups de cœur :
une passion peut être coûteuse.

• Vous adorez la publicité ?
Sachez y résister,
car elle est faite pour vendre !
Répétez-vous :
« Cette pub est sympa,
mais ce n'est pas ça
qui me fera acheter ! »

• Attention : frimeurs !
L'argent ne fait pas le *look* et
le *look* n'a pas besoin
de beaucoup d'argent. [...]
Vos copains remarqueront
votre personnalité,
pas votre argent.

6
Le prêter ou l'emprunter : « Les bons comptes font les bons amis. »

N'empruntez
que si vous êtes sûr
de pouvoir rembourser...
à la date prévue.
Ne prêtez pas
tout votre argent
pour ne pas devoir
emprunter vous-même.

PILE N° 3
Unité 3

Rencontre

2
Portrait

Souvent, après la classe, Sophie s'évade au pays de la littérature. Un stylo à la main, elle s'invente des histoires, un univers nouveau, loin des immenses blocs de béton de sa cité HLM. La guerre, le racisme ou l'énergie nucléaire : « Il ne faut pas fermer les yeux sur de tels problèmes, c'est pourquoi la plupart de mes histoires ont une morale.
Je veux montrer que les enfants ont aussi leur mot à dire ».

1
Sophie Solal, auteur de « La Farce du Diable », est la lauréate 1991 du concours « Plume en Herbe », devant 30 000 participants.

★

3
Pour toi, l'écriture représente un moyen de faire partager ce que tu ressens ?
Mieux encore. C'est une façon de m'évader dans des aventures, de sortir du quotidien de ma cité ou de l'école. Et si des gens lisent ce que j'écris, cela me rassure. Je me sens moins seule dans mes histoires.

Pour quelles raisons as-tu voulu une morale à la fin de ton récit ?
J'aime bien les histoires qui finissent bien. La fin de mon histoire se termine un peu comme une fable de La Fontaine, avec un message à retenir.

Cette information diffusée par Radio Pile comporte sept erreurs : trouvez-les !

4 « Ainsi se termine l'histoire du pays où le rire des bébés est plus fort que la méchanceté et la tristesse des grands. »

Avec Sophie Solal écrivain en herbe

Dans « La Farce du Diable », quel est ce message ?
Quand j'ai écrit cette histoire, il y avait la guerre dans le Golfe. Je ne sais pas s'il fallait la faire ou pas. En tout cas, c'était pour moi une période de grande tristesse. Des enfants innocents sont morts, alors qu'ils n'avaient rien demandé à personne. À travers cette morale, j'ai voulu montrer que de graves problèmes pouvaient être évités si les grands donnaient souvent la parole aux enfants.

Aujourd'hui, des enfants mais aussi des adultes vont lire ton livre.
C'est super ! Pour une fois, il n'y a pas différence entre les deux. J'espère seulement qu'ils vont tous aimer cette histoire.

Veux-tu devenir écrivain ?
J'ai déjà commencé à écrire une nouvelle histoire, mais je vous réserve la surprise...

5 Coup d'œil

Le concours « Plume en Herbe »
Créé en 1988 par les Éditions Nathan et le journal Le Monde, avec la participation de la radio (R.T.L.) et de la télévision (Antenne 2), ce concours littéraire s'adresse aux jeunes. Les candidats doivent écrire une histoire, à partir d'une série de 11 dessins présentés dans le désordre.

Récit

L'autre

Je l'ai vu pour la première fois le jour de mon anniversaire. J'avais invité tous mes copains et copines. Lui, personne ne l'avait invité, et pourtant, il était là. Il n'arrêtait pas de piocher dans les canapés et il me regardait avec l'air de se moquer de moi. Je l'ai tout de suite détesté. Les copains ne semblaient pas le voir.

Le soir, quand je suis monté me coucher, je l'ai trouvé assis sur mon bureau. Il tripotait ma montre :

— Ta montre, elle est nulle !

Et il a ricané.

C'est la montre que ma grand-mère m'a offerte. Il faut la remonter tous les les soirs, comme on faisait avant. J'ai fait comme si je n'entendais pas, et il a continué de rire.

Le lendemain, j'ai commencé à regarder les montres. Des montres, il y en avait partout : à la vitrine de l'horloger, chez le photographe, au tabac du coin, et même au super-marché. Chaque fois que je faisais un pas dans la rue, je tombais sur des étalages de montres.

C'est vrai qu'elle est nulle, la montre de grand-mère.

Tout mon argent de poche y est passé. Mais j'ai enfin une montre digitale. Avec des tas de fonctions. Comme tout le monde.

J'étais au C.D.I. en train de préparer un exposé d'histoire quand j'ai entendu une voix qui disait tout fort :

— Ton stylo, il est ringard !

J'ai levé la tête, stupéfait : d'habitude quand quelqu'un parle aussi fort, on entend tout de suite des « chut ! silence ! » et la bibliothécaire intervient. Cette fois-ci, rien ! Comme si personne n'avait entendu.

L'autre était assis à côté de moi et il souriait.

J'ai regardé mon stylo. Quatre ans qu'on écrit ensemble, lui et moi, quatre ans que je tremble de le perdre. Il s'est fait à ma main. Et il me porte chance. Mais là, sous la lumière froide du C.D.I., ce n'est plus le même stylo. Plus du tout. Il coule un peu, il est tout rayé et puis, cette forme... C'est vrai qu'il est ringard.

Pour Noël, j'ai demandé à mes parents un stylo tout neuf :

— Je croyais que tu préférais un baladeur, a remarqué papa.

Moi aussi, je pensais que je préférais un baladeur. Et j'ai eu un nouveau stylo : il est « mode », il n'est pas rayé et il ne coule pas. Mais j'ai des crampes quand j'écris avec... et j'ai récolté un 2 sur 20 à mon dernier contrôle de maths.

Seulement l'autre ne voulait pas s'arrêter.

Il s'est moqué de ma veste et j'ai demandé une avance sur mes étrennes pour acheter un blouson avec des poches partout.

Maintenant c'est mon pantalon qu'il trouve moche. Il me l'a dit dans l'autobus, hier matin.

— Mais où est-ce que je vais prendre l'argent ?

Je lui ai crié ça alors que je me cramponnais pour ne pas tomber dans l'auto-

bus bondé qui avançait par petites secousses. Les gens se sont retournés et
m'ont regardé d'un drôle d'air. J'ai cherché l'autre. Il n'était plus là.
Le soir, je n'ai rien mangé et je suis monté me coucher.
— Tu es malade, coco?
J'ai horreur que ma mère m'appelle « coco ». Comme quand j'avais cinq ans.

Et juste après, je suis tombé par hasard sur Céline.
— Tiens Stéphane! Je t'ai pas reconnu.
C'est vrai, j'ai changé. J'ai tendu un peu le bras pour qu'elle remarque aussi
la montre et je me suis arrangé pour sortir mon stylo.
— T'as vu!
— Oui, j'ai vu. Tu t'es mis à ressembler à tous les autres. C'est sûrement
pour ça que je ne t'ai pas reconnu. T'es devenu d'un banal, mon pauvre!

Pour la montre, ça a été facile. Je l'ai rangée dans le tiroir de mon bureau
et j'ai remis la montre de grand-mère. Pour le nouveau stylo, j'ai dit que
je l'avais perdu. Et j'ai ressorti le vieux.
Pour le blouson, je l'ai caché dans un carton de livres et j'ai expliqué :
— On me l'a piqué au collège.
— C'est une honte! Je vais aller voir le principal! Quand je pense que tu
l'as payé avec tes étrennes de l'année prochaine... mon pauvre coco!
Maman était furieuse. Je n'ai rien répondu.

L'autre ne s'est jamais remontré.
J'ai revu Céline hier après-midi. On avait permanence. Elle m'a dit :
— Ah! t'es redevenu comme avant.
Et en regardant ailleurs, à voix basse, elle a ajouté :
— C'est comme ça que je te préfère.
Dommage qu'il ne soit pas là, l'autre, pour entendre ça! ■

Par Michel Laporte

PILE N°3 Unité 5

Entracte

1 Une histoire drôle

Un monsieur se promène dans la campagne. Il ne trouve plus son chemin. Au bout d'une heure, il rencontre un paysan.

« S'il vous plaît, est-ce que je suis sur la bonne route pour aller à Montélimar ?
— Je ne sais pas.
— Et le prochain village, c'est loin ?
— Je n'en sais rien.
— Mais cette route, où est-ce qu'elle conduit ?

— Aucune idée.
— Dites-moi, il y a longtemps que vous habitez ici ?
— J'y suis né, monsieur, il y a 46 ans.
— Eh bien, vous n'êtes pas très intelligent, vous ne connaissez même pas les routes de votre pays ! »

Étonné, le paysan se tait quelques secondes. Il regarde l'étranger et répond enfin : « Peut-être, mais moi, je ne me suis jamais perdu ! »

2 Un poème : « Îles »

Îles
Îles
Îles où l'on ne prendra jamais terre
Îles où l'on ne descendra jamais
Îles couvertes de végétations
Îles tapies comme des jaguars
Îles muettes
Îles immobiles
Îles inoubliables et sans nom
Je lance mes chaussures par-dessus bord car je voudrais
bien aller jusqu'à vous.

Blaise Cendrars, « Iles », *Feuilles de route*, © Éd. Denoël.

3 Une chanson

Perdu dans les Catacombes

Refrain

Perdu au fond de la mine,
Perdu sous le réservoir,
Perdu au fond de la mine,
De la mine de Vaugirard.

Écoutez la chanson et :

a. Repérez les mots suivants :
diminue - enfin - fouiller - gamines - pot de colle - réservoir - tombeaux.

b. Classez-les selon l'ordre d'apparition.

c. Dans ces mots, écoutez les sons [m], [n], [v], [f], [o], [ɔ].

PILE N° 4

La bataille de Crécy (1346),
Jean Froissard
Chroniques

Espagne :
la Semaine sainte
à Séville

La grande foule pour *Le Grand Bleu*

SOMMAIRE

UNITÉ		PAGES	
1	**REPORTAGE - HIER** Vivre au temps des chevaliers	34	100
2	**TEST** À quelle liberté tenez-vous le plus ?	37	103
3	**ENQUÊTE** Le cinéma : passe-temps ou passion ?	38	106
4	**RÉCIT** Le chômeur	40	
5	**ENTRACTE**	44	

MARS AVRIL

<u>14 mars 1891</u> :
Une loi met toute la France à l'heure de Paris : jusqu'alors, les Français vivaient à l'heure solaire et il y avait des différences entre les régions. Avec l'apparition des trains et des transports rapides, il faut adopter une même heure pour toute la France.

<u>La semaine sainte</u> précède Pâques. Elle est célébrée par des processions souvent hautes en couleur dans les pays de tradition chrétienne.

<u>Mars ou avril</u> : **Pâques**
Salut les cloches ! C'est Pâques. La date de cette fête change chaque année, c'est le premier dimanche qui suit la pleine lune de l'équinoxe de printemps. On offre de gros œufs et des poules en chocolat.

Trente-trois 33

Reportage

HIER

1
Le chevalier : héros du Moyen Âge

Les chevaliers sont des guerriers. Ils accompagnent
leur seigneur à la chasse, à la guerre et à la croisade.
Un chevalier portant son armure pèse plus de 100 kg
et quand il tombe de cheval,
il est incapable de se relever seul !
Souvent, deux ou trois chevaliers,
aidés par les villageois, suffisent
à garder un château fort.
Et une trentaine d'hommes
défendent les grandes forteresses des rois.

PILE N° 4
Unité 1

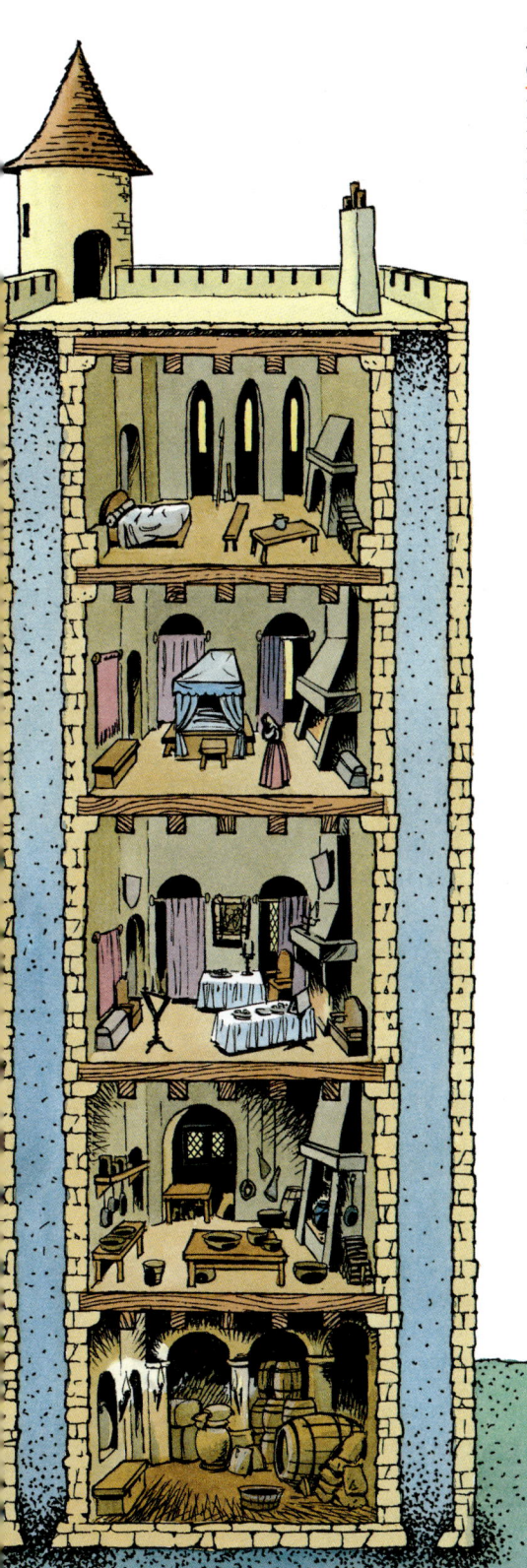

2
Coup d'œil

Les grands devoirs du chevalier
Être courageux et loyal.
Être fidèle à son suzerain.
Défendre la foi et l'Église.
Protéger la veuve et l'orphelin.

Vivre au temps des chevaliers

3
Le langage des couleurs

Le chevalier se consacre à la femme dont il est amoureux.
Et les couleurs de ses vêtements symbolisent l'amour :
le bleu, pour la fidélité ; le vert et le violet, pour le bonheur ;
le rouge ou le noir, couleurs du deuil, pour les chagrins d'amour.

D'après *Au temps des chevaliers et des châteaux forts*,
coll. La Vie Privée des hommes, © Éd. Hachette.

4
Test : êtes-vous astucieux ?

Pour délivrer la belle Mélisande, prisonnière dans le château
du terrible Barbe-Noire, le chevalier Lancelot doit,
avec votre aide, résoudre quatre énigmes.

A
Pour pouvoir passer
le pont-levis, Lancelot
doit dire qui a raison :
la fille ou le garçon ?

B
Pour entrer, Lancelot
doit répondre à la question
du garde.

C
Pour ouvrir la porte de la
chambre de Mélisande, Lancelot
doit suivre les instructions
de Merlin l'Enchanteur.

D
Pour ouvrir cette serrure,
Lancelot doit écouter à la
porte et découvrir sept
anachronismes. Lesquels ?

Reportage
(suite)

6
Les tournois

Les seigneurs organisent souvent des tournois dont les chevaliers raffolent. Ces tournois peuvent durer plusieurs jours. Deux chevaliers armés d'une longue lance de bois s'affrontent. Ils portent les couleurs de leur seigneur ou d'une femme aimée. Au premier tour, les lances craquent. Les chevaliers repartent et galopent à nouveau. Un homme vient de tomber à terre. Un autre chevalier prend sa place. À la fin de la journée, on acclame les vainqueurs... et on soigne les blessés !

7
Coup d'œil
L'Europe du Moyen Âge

L'Europe est encore recouverte d'une immense forêt où vivent les loups et les ours. Neufs Européens sur dix sont des paysans qui habitent dans de petits villages. Plusieurs étés sans soleil, trop de pluie, un hiver trop froid et c'est la famine et des milliers de morts !
Vers 1300, la France, pays le plus peuplé d'Europe, compte 15 millions d'habitants, soit quatre à cinq fois plus que l'Angleterre !
Entre 1346 et 1350, la peste noire, venue d'Orient, ravage l'Europe, tuant 40 % de la population (jusqu'à 70 % dans les villes) !

★

8
AUJOURD'HUI

Samedi après-midi au Parc-des-Princes à Paris.
Deux équipes de rugby s'affrontent au cours du Tournoi des Cinq Nations.

Test

Pour chaque question, choisissez la réponse que vous préférez :

1 Au cours d'une discussion :
   a. vous défendez votre opinion contre tous,
   b. vous cherchez des alliés parmi les participants,
   c. vous écoutez les autres opinions.

2 Vous ne voulez surtout pas être pris pour :
   a. un incapable,
   b. un imbécile,
   c. un insolent.

3 Le compliment que vous préférez, c'est :
   a. « Tu as raison ! »,
   b. « Tu as bien fait de dire ça ! »,
   c. « Tu as bien fait de faire ça ! ».

4 Quand une cause vous tient à cœur :
   a. vous en parlez autour de vous,
   b. vous essayez d'agir,
   c. vous cherchez des informations sur le sujet.

À quelle liberté tenez-vous le plus ?

Vous trouvez les résultats de ce test p. 44

5 Pour vous, on n'a surtout pas le droit :
   a. d'attaquer un plus faible que soi,
   b. d'empêcher quelqu'un de parler,
   c. de dire du mal de quelqu'un dans son dos.

6 Quand on ne vous croit pas :
   a. vous vous mettez en colère,
   b. vous gardez le silence,
   c. vous argumentez pour convaincre.

7 En groupe, quand vous n'êtes pas d'accord avec la majorité :
   a. vous partez,
   b. vous restez sans rien dire,
   c. vous restez en « râlant ».

8 Quand on vous demande de faire quelque chose, vous préférez recevoir :
   a. des instructions précises,
   b. des explications détaillées,
   c. quelques indications générales.

Enquête

Le cinéma : passe-temps ou passion ?

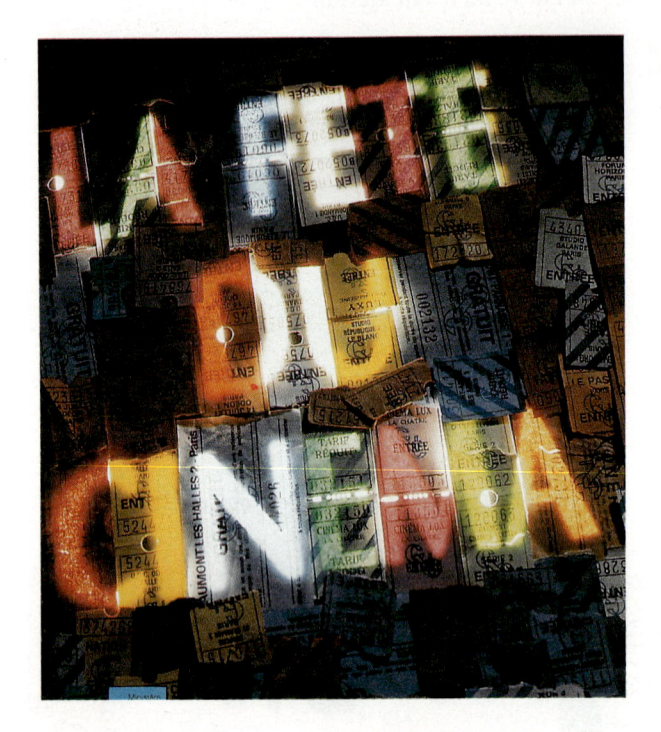

1
Faits : les 10-15 ans et le cinéma

Tu n'es pas allé au cinéma depuis au moins 1 an	25 %	
Tu y es allé — 1 ou 2 fois dans l'année	25,2 %	
— 3 à 5 fois dans l'année	26 %	75 %
— 6 fois ou plus dans l'année	23,5 %	

★

Si tu es allé au cinéma depuis au moins un an :
Est-ce que tu aimes les films qui font :

	Beaucoup	Pas tellement	Ça dépend + Ne sait pas
rire	95 %	1,5 %	3,5 %
rêver	65 %	21,5 %	13,5 %
réfléchir	42,5 %	40 %	17,5 %
peur	41 %	40 %	19 %
pleurer	25 %	59 %	16 %

★

Es-tu plutôt d'accord, ou plutôt pas d'accord, avec cette opinion : « Ça revient pratiquement au même de voir un film sur un écran de télévision ou de le voir dans une salle de cinéma ? »

Plutôt d'accord	25 %
Plutôt pas d'accord	75 %

★

Si on te donne 50 francs, qu'est-ce que tu fais avec ?

Tu vas au cinéma	38,5 %
Tu achètes un disque ou une cassette	20 %
Tu vas manger ou boire avec des copains	14,5 %
Tu achètes un livre	11,5 %
Tu achètes des BD	6 %
Autres	8,5 %
Sans réponse	1 %

Deux jeunes, qui font la queue devant un cinéma, répondent aux questions de l'enquête. Comparez leurs réponses avec les informations données dans les tableaux.

2
Témoignages

« J'ai 13 ans, et j'adore le cinéma parce que, devant l'écran blanc, plongé dans l'obscurité, je m'évade pour découvrir un monde merveilleux... »
   Grégoire, 13 ans, Nantes (44)

★

« J'ai 14 ans, et j'adore le cinéma parce que c'est un lieu de rencontre, c'est un lieu qui nous permet de nous évader... »
   Valérie, 14 ans, Brive (19)

★

« ... Le cinéma, c'est superbe car on peut rire ou pleurer dans le noir, en toute tranquillité.
« Le cinéma, c'est le plaisir de déguster des friandises dans un gros fauteuil rembourré, après avoir fait une queue interminable dans le froid et dans le vent.
« Le cinéma, c'est le ticket que l'on conserve précieusement pour ne pas oublier un film qui nous a plu.
« Le cinéma, c'est le film que l'on raconte dans la cour aux copains... »
   Johanna, 13 ans, Amiens (80)

★

« Quand je suis en train de regarder un film au cinéma, le monde extérieur n'existe plus pour moi... »
   Djamel, 15 ans, Lyon (69)

Études et prospective du ministère de la Culture, Centre national de la cinématographie. *Okapi* n° 475 : extrait de l'enquête « Les 10-15 ans et le cinéma ». © Bayard Presse.

3
Opinion
Interview de Luc Besson, réalisateur du film « Le Grand Bleu »

Pour vous, quel est le vrai public de cinéma ?
Le vrai public, c'est celui qui se laisse faire. Et il faut se laisser faire au cinéma, sinon il ne faut pas y aller. Le cinéma, c'est une proposition de rêve.
On vous prend par la main, on vous dit : « Venez, on va vous raconter une histoire... » Si vous n'avez pas envie, vous n'y allez pas. Mais si vous acceptez la proposition, il faut vous laisser porter.

Qu'est-ce qui vous pousse à faire vos films ?
Je crois que c'est l'envie de communiquer. Très petit, j'ai dû souffrir de la non-communication. Le cinéma, c'est un moyen de s'exprimer. C'est de l'art, le septième art, le plus petit, mais le septième quand même...

Récit

Le chômeur

C'est arrivé un lundi soir. On a compris qu'il se passait quelque chose de grave parce qu'en arrivant, papa a sorti un paquet de cigarettes de sa poche et en a allumé une. Il faut dire qu'il avait arrêté de fumer depuis deux ans et avait promis de ne plus jamais recommencer.

5 En fronçant les sourcils, maman l'a regardé s'écrouler dans le fauteuil du salon, passer sa main dans ses cheveux pour faire sa tête de hérisson pas content. Elle nous a fait manger en cinq minutes et nous a expédiés, mon petit frère Bip et moi, dans notre chambre.

De l'autre côté du mur, on entendait papa murmurer d'une voix grave. Il
10 y avait un mot qui revenait tout le temps comme un moustique qu'on n'arrive pas à chasser : chômage. Je savais que ça voulait dire : « plus de travail », mais je ne comprenais pas pourquoi cela rendait papa si triste. « Plus de travail »... à mon avis, ça a aussi un petit côté « tous les jours, dimanche » et « vacances sans fin » pas du tout désagréable.

15 Les jours suivants, j'ai mieux compris. Pour maman, Bip et moi, rien n'avait changé. Chaque matin, Bip et moi, on allait à l'école et maman partait à son travail (elle est infirmière et les infirmières ne sont jamais au chômage parce qu'il y a toujours des malades).

Mais le soir, en rentrant, ça nous faisait tout drôle de trouver papa, tassé au fond de son fauteuil comme un vieux Kleenex froissé, les yeux vides braqués sur l'écran bleu de la télé. Bien sûr, il nous souriait, nous embrassait, nous demandait si nous avions passé une bonne journée. La vaisselle était faite, et le dîner aussi. Seulement, le cœur n'y était pas, il touchait à peine au dîner, deux ou trois bouchées et hop! une autre cigarette.

Il y avait une gêne qui s'était installée dans la maison, à peine visible, mais aussi tenace que la fumée des cigarettes. Et puis le soir, parfois, et de plus en plus à l'approche de Noël, couchés dans nos lits, Bip et moi, on entendait papa et maman se disputer, pas fort, mais quand même, un peu, alors qu'avant ça n'arrivait jamais. Bip venait se blottir contre moi et il fallait que je lui raconte des histoires pour l'endormir, des histoires avec plein de sorcières « chômage » qui n'arrêtaient pas de casser les pieds aux gens.

Vers le 20 décembre, maman a dû expliquer à Bip que sa lettre au père Noël était un peu trop longue. Bip l'a écouté très sérieusement en concluant du haut de ses cinq ans : « Je comprends, c'est parce que le père Noël est au chômage lui aussi. »

Même si le sapin était un peu moins grand que les années précédentes, le repas un peu plus maigre et les cadeaux moins nombreux, les fêtes se sont quand même bien passées parce que, chômage ou pas, on s'aime tous très fort. C'est après que ça s'est gâté. L'après Noël, ça n'est jamais très rose, mais là, c'était carrément gris. Il y avait tout le temps comme de l'électricité dans l'air. Pour une fourchette déplacée, un cadre de travers, une différence de choix sur un programme de télévision, papa faisait la tête et maman s'enfermait dans la chambre.

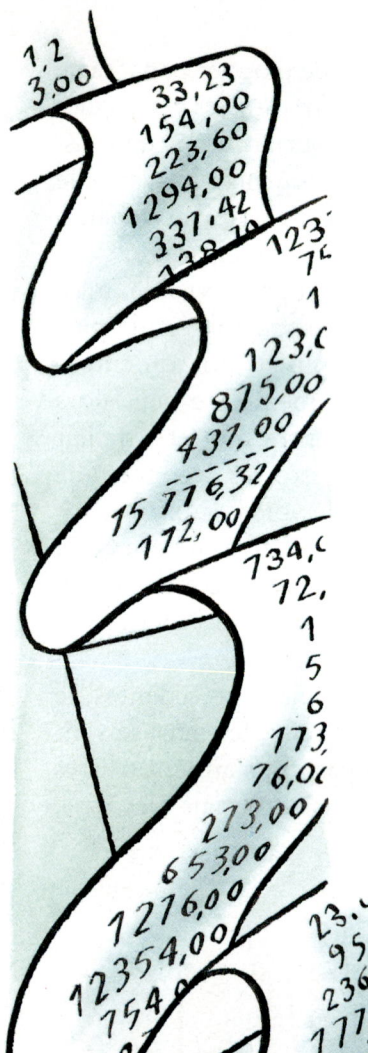

Évidemment, Bip faisait encore plus de bêtises que d'habitude et moi, je me donnais un mal de chien pour les effacer. Le pire, c'était à table quand nous étions réunis tous les quatre : silence total et pesant au-dessus de l'éternel plat de nouilles qui refroidissait lamentablement devant nos yeux baissés. Ensuite, c'était toujours la même histoire : Bip et moi, nous allions nous enfermer dans notre chambre en rêvant à des pays où les gens vivent heureux, sous un ciel toujours bleu, des gens qui ne savent même pas ce qu'est le chômage.

Pendant ce temps, papa écrivait des piles de lettres en fumant des dizaines de cigarettes et maman alignait, en se rongeant les ongles, d'interminables colonnes de chiffres. Il était question de colonies de vacances pour Bip et moi, l'été prochain, et l'argent de poche se faisait aussi rare que les éclats de rire dans la maison. Non, le chômage n'avait rien à voir avec des vacances sans fin !

Chaque jour, papa prenait dix ans de plus. Il ne voyait plus ses amis et même quand il faisait beau, il avait l'air de regarder la pluie. Il pleuvait tout le temps dans sa tête. Il se levait de plus en plus tard et se couchait de plus en plus tôt, et il devait aussi dormir dans la journée, car le soir, en

rentrant de l'école, il nous regardait avec les mêmes yeux mouillés que Youki, le chien de Mamie qui est aussi vieux qu'elle.
Comme ça, tous les jours, comme un même et interminable jour gris...

65 Mais hier, il y avait une lettre dans la boîte, une lettre pour papa qu'il a lue et relue cent fois. Il avait l'air de quelqu'un qu'on réveille d'un long, long sommeil. Il a montré la lettre à maman d'une main tremblante. Maman l'a lue et a sauté au cou de papa en l'embrassant tout partout. On n'a pas eu de nouilles ce soir-là, mais un gros poulet bien doré, avec des frites. Papa
70 ne tenait plus en place, il se levait, se rasseyait pour un rien, riait, redevenait sérieux, puis riait encore comme dans les anniversaires. Maman lui a repassé sa plus belle chemise et son plus beau costume, tandis qu'il cirait ses chaussures jusqu'à les rendre plus brillantes que l'argenterie de tante Clara. Ce matin, tout reluisant, il est parti en même temps que nous. Il était ner-
75 veux, comme Bip pour son premier jour d'école. Il a allumé une cigarette, nous a regardés en souriant et l'a aussitôt écrasée dans le cendrier.
Je crois qu'il n'y aura plus jamais d'odeur de tabac dans la maison.

Par Pascal Garnier

Entracte

1 Résultats du test de la page 37 « À quelle liberté tenez-vous le plus ? »

Pour chaque question, repérez votre réponse et comptez 1 point dans la colonne correspondante (2 points quand la lettre est en couleur)

Questions N°	🟧	🟣	🔺
1	b	a	c
2	a	c	b
3	c	b	a
4	b	a	c
5	a	b	c
6	a	c	b
7	a	c	b
8	c	a	b

Les 🟧 dominent :
Vous tenez surtout à votre **liberté d'action**. Vous pensez que pour faire changer les choses, il faut agir... même seul(e).

Les 🟣 dominent :
Vous tenez surtout à votre **liberté d'expression**. La parole est pour vous le meilleur moyen de faire agir les autres. Vous aimez argumenter et convaincre.

Les 🔺 dominent :
Vous tenez surtout à votre **liberté d'opinion**. Peu importe si on vous empêche d'agir, du moment qu'on ne cherche pas à vous influencer.

3 Une histoire à moitié drôle :

À l'examen, le professeur interroge un étudiant en histoire. Il ne sait vraiment rien. Voulant lui donner une dernière chance, le professeur lui demande :
« Voyons, hum... Qui a découvert l'Amérique ? »
Pas de réponse.
Fatigué, le professeur crie :
« Christophe Colomb ! »
À ce moment, l'étudiant s'en va.
Étonné de le voir partir, le professeur l'appelle :
« Eh bien, vous partez ?
— Oh ! pardon, je croyais que vous appeliez l'étudiant suivant. »

4 Une chanson

La chanson de l'écuyer

Refrain

Écuyer du Moyen Âge,
Je porte le bouclier
D'un très valeureux guerrier.
En juillet ou en décembre,
Sous le vent ou sous la pluie,
C'est ma mission que de prendre
Les plus grands risques pour lui.

> **Écoutez la chanson et :**
> a. Repérez les mots suivants : décembre - double - faible - pluie - prince - privilège - saigne.
> b. Classez-les selon l'ordre d'apparition.
> c. Dans ces mots, écoutez les sons [pl], [bl], [bR], [pR], [ɲ].

PILE N° 5

4, 3, 2, 1, 0... partez!

Portugal : Que la fête commence !

Jenny Rolland

SOMMAIRE

UNITÉ		PAGES	
1	**REPORTAGE AUJOURD'HUI** Le Camp de l'Espace	46	110
2	**VIE PRATIQUE** Gardez la forme !	48	113
3	**RENCONTRE** Avec Jenny Rolland, gymnaste junior	50	116
4	**RÉCIT** Rencontre du deuxième type	52	
5	**ENTRACTE**	54	

MAI JUIN

<u>Mai</u> : **La France « fait le pont ».** Le 1er mai, fête du travail ; le 8 mai, fête de la Victoire de 1945 ; l'Ascension et la Pentecôte : le mois de mai est celui qui compte le plus de jours fériés.

Le festival de Cannes ouvre ses portes : pendant quelques jours, Cannes devient la capitale mondiale du cinéma.

Dernier dimanche de mai : **Fête des Mères.** 87 % des foyers français la célèbrent.

<u>4 juin</u> : **Fête du cinéma.** Pour le prix d'un billet, vous pouvez voir tous les films que vous voulez dans toutes les salles de France.

<u>21 juin</u> : **Fête de la Musique.** Quinze millions de Français participent à cette fête dans la rue, dans les salles de concert, mais aussi dans les hôpitaux, les gares, les cathédrales... et même dans les prisons.

Quarante-cinq 45

PILE N° 5 Unité I

Reportage

AUJOURD'HUI ET... DEMAIN

1   Le Camp de l'Espace : « Space Camp Patrick Baudry »

Où ?   Près de Cannes.

Quoi ?   Montrer comment les spationautes vivent dans l'espace.

Qui ?   Garçons et filles de 10 à 18 ans : 2 700 stagiaires par an.

Comment ?   Stages d'une semaine.

3
Une séance d'essayage

Il fait bien chaud sous le scaphandre...
« Pas question de le garder continuellement : quand on l'enlève, ça fume presque »

D'après *Science et Vie Junior* n° 26 - Mai 1991.

Écoutez l'enregistrement et trouvez à quel document correspond chaque scène.

2
L'arrivée au Camp

À leur arrivée, les Spatiens — c'est ainsi qu'on appelle les stagiaires de Space Camp —, vêtus de la combinaison bleue des spationautes, reçoivent une mallette. Elle contient un carnet de bord, qui décrit toutes les activités du stage, et une encyclopédie expliquant tout ce qu'un Spatien doit connaître. Chacun est ensuite intégré à une équipe de neuf membres.

Le Camp de l'Espace

4
Une sortie dans l'espace

Au programme du stage : balade et bricolage dans l'espace, avec le MMU, ce fauteuil spécial qui imite l'apesanteur :
« *C'est comme en vrai* »
« *C'est tellement drôle de se retrouver la tête en bas à 4 mètres du sol* ».

★

5
Un sport très spécial

Un petit volley dans l'espace ? Grâce à six sièges accrochés au plafond par des ressorts équilibrés, deux équipes de trois Spatiens s'affrontent de chaque côté d'un filet spécial dans cette discipline sportive nouvelle.
Critique générale :
« *C'est trop court* ».

★

7
HIER

1870 : Le premier voyage « Autour de la lune » vu par Jules Verne.

6
Un repas dans l'espace

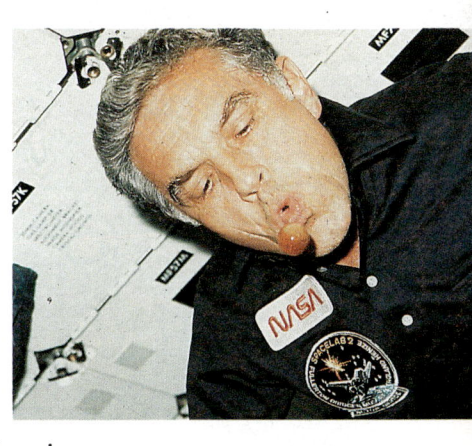

Au menu,
des plats cuisinés
spécialement pour que,
dans l'espace,
les spationautes n'oublient
pas le goût des bonnes
choses : pain, crème de crevette,
poulet et cake aux pruneaux,
tous étudiés pour faire très peu de miettes.
Les avis sont partagés. Karin apprécie le poulet. Sa copine Séverine, elle, trouve que tout cela a « *un goût de pharmacie* ».

Vie pratique

Gardez la forme !

1

A pour alimentation

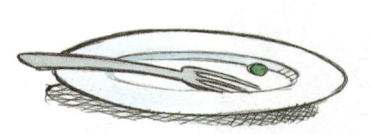

Vous êtes à l'aise dans vos baskets, bon poids, belle peau ?
Alors, on peut supposer que votre alimentation vous convient.
Mais si vous ne vous sentez pas vraiment en forme,
il y a peut-être quelque chose à revoir.

2 Ne sautez pas le petit déjeuner !

Ça m'a pris en plein cours de géo. Mains tremblantes et jambes en coton. J'ai dit à Sabine :
— Je vais tourner de l'œil !
Elle m'a regardé avec envie :
— Veinard, tu vas couper au contrôle !
J'ai demandé à aller à l'infirmerie. Sabine m'a soufflé :
— Tâche d'avoir de la vitamine C ! C'est extra quand on est fatigué.
L'infirmerie sentait le médicament. L'infirmière lisait une revue.
— Qu'est-ce qui t'arrive ?
Je lui ai expliqué.
— Qu'est-ce que tu as mangé au petit déjeuner ?
— Rien : le matin, je n'ai pas le temps...
Elle m'a donné deux morceaux de sucre :
— Tiens, en attendant, prends ça et, à l'interclasse, va t'acheter un croissant !
Puis elle m'a fait un grand topo sur le petit déj' et elle m'a renvoyé en classe... juste à temps pour le contrôle.

3 S pour sommeil

Entre 14 et 20 ans, il faut que vous dormiez huit à neuf heures par nuit. Mais, rassurez-vous, vous ne perdez pas de temps en dormant ! La nuit, vos cheveux poussent plus rapidement, votre corps grandit, votre système nerveux se développe et votre mémoire classe et organise les informations nouvelles.

4 Votre heure de gloire

Vous êtes plutôt « du soir » ou plutôt « du matin ». […] Mais sachez que si vous êtes « du soir », vous serez au mieux de votre forme le lendemain vers 19 heures. Si vous êtes « du matin », votre heure pleine se situe aux alentours de 15 h 30.

De aïe à zut,
Véronique Fleurquin - © Éd. Nathan.

5 M pour mouvement

Certains sports peuvent, plus que d'autres, vous aider à développer votre concentration. Ce sont tous les sports « symétriques », ceux qui utilisent également les deux côtés du corps : la natation, le volley-ball, la course à pied, la gymnastique…

6 Relaxez-vous !

Assis(e) par terre, tête et dos bien droits, fermez les yeux. Les plantes des pieds l'une contre l'autre, genoux écartés, inspirez en attrapant le bout de vos pieds avec vos mains. Expirez en arrondissant le dos, la tête baissée en avant. Laissez-vous rouler en arrière sur le dos le plus loin possible. Recommencez cinq fois.

La vie de collège,
Françoise Choze, © Éd. Nathan.

> Écoutez ces dix conseils et trouvez s'ils concernent l'alimentation, le sommeil ou le mouvement.

Rencontre

1
Portrait

Jenny Rolland a 15 ans. Cette jolie jeune fille blonde de 1,53 mètres est championne de France Junior de gymnastique. Elle est en seconde, à l'INSEP (Institut National des Sports et de l'Éducation Physique). Elle y poursuit ses études tout en consacrant six heures par jour à l'entraînement.

★

2

Pourquoi avez-vous choisi de faire de la gym ?

Lorsque j'étais petite, j'ai vu les jeux Olympiques de Moscou, à la télévision. Ça m'a vraiment beaucoup plu, et j'ai eu envie de faire de la gym [...]
Petite, je grimpais aux arbres, mes parents m'accrochaient aux branches... J'adorais ça ! Ce sont sans doute ces acrobaties qui m'ont donné le goût de la gym.

À quoi pensez-vous pendant les compétitions ?

Juste avant la compétition, je suis terriblement énervée, je ne tiens plus en place, mais c'est une sensation agréable, un peu excitante. Pendant que je suis sur un agrès, je pense à chacun de mes mouvements, qu'on appelle « les éléments », je pense à mon enchaînement, à ce que je dois faire ensuite. Et je me motive, je me dis : « Il faut que tu réussisses... » Je suis très concentrée : je ne me rends pas compte de ce qui se passe autour de moi.

La présence du public vous intimide-t-elle ?

Non, bien au contraire. La présence du public me fait plaisir et m'encourage. Souvent quand nous sommes en France, le public est « avec nous », c'est formidable ! Quand nous sommes à l'étranger, c'est un peu plus difficile, car très souvent, le public encourage les gymnastes du pays où se passe la compétition.

---

a. Jenny Rolland poursuit-elle des études ?
b. Comment est née sa vocation ?
c. Que ressent-elle avant et pendant la compétition ?
d. Le public est-il important pour elle ?
e. L'entraînement est-il difficile ?

Avec Jenny Rolland, gymnaste junior

Avez-vous déjà eu envie d'arrêter la gym ?

Je fais de la gym, d'abord parce que j'en ai envie. Il est vrai que c'est dur, et que, parfois, j'ai voulu m'arrêter. Mais il faut s'accrocher : si on en a envie, c'est que ça vaut la peine.
Dans ces moments de découragement, je me dis, et c'est aussi l'avis de mes parents, qu'avec tous les « sacrifices » que j'ai faits, ce serait trop bête d'arrêter. Les sacrifices, ce sont toutes ces heures d'entraînement, cette vie un peu spéciale, les sucreries que je ne peux pas manger…
Les sacrifices, c'est aussi le peu de vacances : cet été, j'ai eu trois semaines entières de vacances, et c'était beaucoup ! Il m'est déjà arrivé de n'avoir qu'une semaine en été.

Quel est votre plus beau souvenir ?

C'était à Nantes, aux championnats d'Europe junior : j'ai terminé première aux barres asymétriques. J'étais toute « bizarre », j'avais des sensations étranges, je n'avais plus les pieds sur terre. Je suis montée sur le podium et, quand *La Marseillaise* a commencé, le public a applaudi en même temps : j'ai trouvé cela formidable.

De quoi rêvez-vous ?

J'aimerais devenir championne du monde, mais je crois que c'est un rêve difficilement réalisable…

D'après *Okapi* n° 455 - Nov. 1990, © Bayard Presse.

Récit

Rencontre du deuxième type

Il est 23 h 45 et il n'y a pas beaucoup de monde sur le quai du R.E.R. Juliette attend la rame avec impatience, car elle n'aime pas ce quai presque désert de *Châtelet-Les-Halles*. Elle commence à regretter d'être partie si tard de chez ses amies... et aussi, quelle idée d'habiter la banlieue!

Le sol est recouvert de tickets de métro usagés et de vieux papiers.
Un bruit sourd... des phares brillent à la sortie du tunnel... la rame s'arrête dans un grincement de freins.

Les wagons sont couverts de tags. Plusieurs sièges ont été éventrés à coups de couteau. Il n'y a presque personne. «Jamais plus je ne rentrerai si tard!» Juliette frissonne. Elle choisit une place dans un coin.

Un homme vêtu d'un jean et d'un blouson vient s'asseoir juste en face d'elle. Il la fixe d'un regard vide. Ses yeux gris sont hallucinants. Ils semblent traverser la jeune fille sans la voir. Le métro démarre. L'homme sort de sa poche un morceau de verre effilé qu'il tourne et retourne sans cesse en le faisant miroiter sous l'éclairage. Par moments, il a un ricanement métallique, pas humain, avec un sourire qui déforme sa bouche alors que ses yeux ne bougent pas. Juliette regarde du côté du signal d'alarme : le temps de l'atteindre, de tirer sur la manette... et que faire si le métro s'arrête au milieu du tunnel? Le morceau de verre est pointu, coupant comme un poignard.
Comme un poignard...

Saisie de panique, Juliette se lève brusquement et se précipite vers l'avant de la voiture. Un jeune homme, assis sur un strapontin, lit un livre. Elle s'asseoit à côté de lui. Il faut qu'elle parle à quelqu'un :
— Il y a un type qui m'embête. Est-ce que je peux m'asseoir à côté de vous? C'est idiot de demander ça!
— Si vous voulez.
La voix est chaude. Elle regarde le garçon. Il sourit d'un air décontracté. Bien que mince et pas très grand, il a une assurance qui la réconforte. Et puis, il a des yeux bleus si chaleureux! Juliette prend place tandis que le métro pénètre dans la station *Gare de Lyon*. L'homme au morceau de verre se lève et descend.
— C'est lui?
— Oui.
— Quel type bizarre! Il semble sorti de mon livre.
— Ouf! Il est parti.
Les portes claquent. Le métro repart. Juliette est seule avec son jeune voisin. Il referme son livre. Juliette aperçoit le titre : «Rencontre du deuxième type».

— C'est de la science-fiction ?
— Oui... si l'on veut.
Et il ajoute avec un sourire chaleureux :
— Vous allez où ?
— À Nogent-Sur-Marne.
— Tiens, c'est drôle. J'y vais aussi. Au fait, je m'appelle...
Une trépidation de la rame couvre sa voix. Juliette n'ose pas le faire répéter.
« Je lui redemanderai tout à l'heure, ça n'a pas d'importance ».
— Et moi Juliette.
— Eh bien, ça serait sympa de se revoir...

Juliette a très envie de répondre : « moi aussi je pense que ça serait sympa de se revoir », mais les mots s'arrêtent dans sa gorge. Pourquoi la regarde-t-il ainsi, avec ses yeux gris ? Gris ? Mais avant, ils étaient bleus, ses yeux... Ça j'en suis sûre ! Non, ils sont gris, fixes... hallucinants.
— ... pour prendre un verre. Qu'en dites-vous, Juliette ?
Pourquoi, en disant ça, a-t-il sorti de sa poche un morceau de verre effilé qu'il tourne et retourne dans sa main ? Pourquoi ricane-t-il, d'un ricanement métallique, pas humain ? Et pourquoi son sourire, tout à l'heure si chaleureux, déforme maintenant sa bouche alors que ses yeux ne bougent plus ? ■

Par Daniel Morgaut

Entracte

1

« Inspirez, expirez ! »

INSPIREZ, EXPIREZ !

[Bande dessinée]

- "MENS SANA IN CORPORE SANO !"
- TIENS, IL Y A MARGERIN DANS LA TRIBUNE DE ROLAND-GARROS !
- JE REFUSE DE TE SIGNER ENCORE UN MOT D'EXEMPTION POUR LE SPORT
- JE DÉTESTE LE SPORT
- MOI À TON AGE...
- OUI, JE SAIS : MOI À TON AGE JE FAISAIS DU SKI, DU TENNIS, DU VÉLO, DE L'AVIRON, DU JUDO, DE LA SAVATE. JE GRIMPAIS COMME UN SINGE. JE NAGEAIS COMME UN POISSON. JE COURAIS COMME UNE ANTILOPE. JE SAUTAIS COMME UNE GRENOUILLE.
- IL FAUT FAIRE DU SPORT, SI ON VEUT ÊTRE EN FORME. ÇA Y EST IL A FAIT LE BREAK, FANTASTIQUE !
- J'AI PAS BESOIN DE FAIRE DU SPORT POUR ÊTRE EN FORME !
- TOI, TON SEUL SPORT C'EST DE GIGOTER PENDANT DES HEURES DANS DES BOÎTES SURPEUPLÉES OÙ ON NE PEUT MÊME PAS PARLER TELLEMENT CE QUE VOUS APPELEZ MUSIQUE FAIT DU BRUIT !
- COURIR AU GRAND AIR, INSPIRER, EXPIRER... C'EST ÇA QUI FAIT DU BIEN !
- D'ACCORD, ALLONS INSPIRER EXPIRER
- HEIN, QUOI ?
- KOF ! KOF ! AHA AHA PUF PUF
- C'EST GENTIL DE RALENTIR POUR MÉNAGER MES FAIBLES FORCES, SURTOUT QU'IL Y A ENCORE 5 KM À INSPIRER EXPIRER.

2 Une chanson

Araignée du matin

Refrain

Ton cœur est lourd
De mélancolie,
En écoutant le bruit
Du vent où plane
La chanson du temps qui passe.

Écoutez la chanson et :

a. Repérez les mots suivants : chagrin - chanson - destin - donne - peine - plane - temps.
b. Classez-les selon l'ordre d'apparition.
c. Dans ces mots, écoutez les sons [ɛ̃], [ɛn], [ɔ̃], [ɔn], [ɑ̃], [an].

PILE N° 6

S.O.S. racisme :
blacks,
blancs,
beurs !

Italie :
Sienne à l'heure du Pallio

Astérix, Obélix
et Idéfix
dans le même bateau

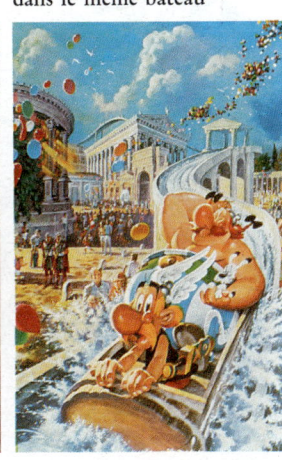

SOMMAIRE

UNITÉ		PAGES	
1	**REPORTAGE - HIER** Vivre au temps des Gaulois	56	119
2	**TEST** Savez-vous prendre une décision ?	59	122
3	**ENQUÊTE** Français et immigrés : vivre ensemble	60	125
4	**RÉCIT** Le cadeau	62	
5	**ENTRACTE**	64	

JUILLET AOUT

Début juillet : **Le Tour de France** prend le départ pour trois semaines. Une vingtaine d'étapes, près de 3 500 kilomètres : voilà ce qui attend les 200 coureurs.

14 juillet : C'est **la fête nationale française** en souvenir de la prise de la Bastille, début de la Révolution de 1789. Défilés, fanfares, pétards, bals et drapeaux tricolores font partie de la tradition.

En juillet et en août : Les quartiers (contrado) de Sienne en Toscane rivalisent entre eux pour la fête du Pallio.

Août : **Le mois des grandes vacances.** Six Français sur dix sont en vacances. Les grandes villes sont désertes et il faut faire des kilomètres pour trouver une épicerie ou une boulangerie ouvertes à Paris.

Cinquante-cinq 55

Reportage

PILE N° 6 Unité I

HIER

1
Les premiers Européens

Entre 2000 et 500 avant Jésus-Christ,
les Celtes, venus de l'Est, peuplent toute l'Europe,
de l'Irlande au Danube
et du Portugal à la Grèce.
Ces hommes étonnants,
qui ont en commun une même culture
et une même langue — le celtique —,
ont inventé le fer,
l'agriculture et l'industrie modernes !

★

2
La Gaule riche et divisée

Les Gaulois sont des Celtes
et avant de s'appeler
la Gaule,
la France se nommait
la Celtique.

500 ans avant Jésus-Christ,
« la Gaule chevelue »
— un vaste territoire recouvert
de forêts — est un pays très riche
qui ignore la famine.
Elle compte environ
10 millions d'habitants
et plus d'une cinquantaine
de peuples et de tribus.
Ces peuples parlent
la même langue ;
ils honorent
les mêmes dieux ;
ils respectent à peu près les mêmes lois.
Mais ils ne s'entendent pas bien.
Si la Gaule n'était pas aussi divisée, elle serait un très grand pays !

3
Coup d'œil
Une langue perdue...
On connaît très peu la langue des Gaulois, car ils n'écrivaient pas. En français moderne, on compte
70 mots qui viennent du gaulois
(20 mots concernent la terre et l'agriculture : la charrue, le chemin, la bruyère...)

4
Coup d'œil
L'origine de l'industrie moderne
Au milieu du Ier siècle av. J.-C., l'atelier industriel de La Graufesenque fait travailler 400 à 500 potiers, qui fabriquent, par millions, des vases de haute qualité, vendus ensuite dans toute l'Europe.

5
Coup d'œil
« rix »
Beaucoup de chefs gaulois portent un nom se terminant par « rix ». Ce suffixe signifie « chef » ou « roi ». On peut traduire « Vercingétorix », par « le grand chef des braves ».

Vivre au temps des Gaulois

6

Le mystère des druides
Qui sont les druides gaulois ? Des savants, les prêtres des nombreux dieux celtes, des maîtres d'écoles. Les Gaulois redoutent que le ciel tombe sur la terre. Pour eux, les sources et les arbres sont sacrés. À la lune montante, les druides, vêtus d'une robe blanche et armés d'une faucille d'or, cueillent, sur les chênes, le gui, symbole de vie.

7

Une forte femme !
La femme gauloise a des droits plus importants que les autres femmes de son époque. Elle peut choisir son époux. Elle peut être druidesse, et même chef de tribu. Certaines femmes participent à des batailles.
Mais, dans la famille, le père gaulois a droit de vie et de mort sur sa femme et sur ses enfants.

D'après *Okapi* n° 467 - Mai 1991, © Bayard Presse.

8

AUJOURD'HUI

Le parc d'Astérix, un grand centre de loisirs aux environs de Paris.

Reportage
(suite)

9
La tragique histoire de Vercingétorix

58 av. J.-C. : un jeune Gaulois rêve, l'air sombre. Il a 14 ans. Il est prince. Il s'appelle Vercingétorix. Il est inquiet, car les druides n'apportent pas de bonnes nouvelles : Jules César, un général romain, se prépare à entrer en Gaule.

★

Après cinq ans de lutte contre les Gaulois, Jules César est presque vainqueur. Mais, dans la neige et le froid de cet hiver 52 avant Jésus-Christ, les chefs gaulois, entraînés par Vercingétorix, forment une armée de 100 000 hommes. Pendant plusieurs mois, ils brûlent les villages et les villes pour affamer les Romains.

Vercingétorix regroupe son armée à Alésia pour une bataille décisive. Mais Jules César fait construire autour de la ville 15 kilomètres de fortifications.

Vous visitez le site d'Alésia avec un groupe de touristes. Le guide a quelques trous de mémoire : soufflez-lui les bonnes réponses !

Les Gaulois sont pris au piège et la nourriture commence à manquer. Vercingétorix chasse les femmes, les enfants, les vieillards qui mourront de faim, entre les murs d'Alésia et les fortifications romaines.

À l'appel de Vercingétorix, une armée de secours, formée de 260 000 Gaulois, se rassemble pour délivrer Alésia. Les Romains, eux, ne sont que 70 000. Et pourtant, après quelques jours de combats acharnés, Vercingétorix est vaincu et se livre à César en août 52 av. J.-C.

Six ans plus tard, César célèbre son triomphe à Rome : un vieillard de 26 ans est promené dans une petite cage, puis étranglé dans sa prison : c'est Vercingétorix. La Gaule est maintenant romaine.

Test

PILE N° 6
Unité 2

Pour chaque question, choisissez la réponse que vous préférez :

1. Devant un choix à faire, quand vous hésitez trop :
   a. vous jouez à pile ou face,
   b. vous pesez le pour et le contre,
   c. vous plongez la tête la première.

Savez-vous prendre une décision ?

2. Les arguments qui permettent de trancher sont :
   a. séduisants,
   b. sans réplique,
   c. justes.

3. Avoir peur de se tromper, cela vous semble :
   a. normal,
   b. gênant,
   c. paralysant.

4. Être têtu(e), cela signifie :
   a. « Je sais ce que je veux. »
   b. « Je n'en fais qu'à ma tête. »
   c. « Je n'ai pas envie d'écouter les autres. »

5. Une fois que la direction est prise, il ne faut surtout pas :
   a. trébucher,
   b. se retourner,
   c. s'arrêter.

6. Le bon choix, c'est :
   a. celui que vous avez fait,
   b. celui qui a tout pour réussir,
   c. celui que vos copains approuvent.

7. Si vous étiez un animal, vous seriez :
   a. un singe,
   b. un dauphin,
   c. un tigre.

8. Vous vous dites qu'il faut agir, surtout lorsque :
   a. vous n'avancez plus,
   b. l'heure est venue,
   c. l'occasion se présente.

D'après *Okapi* n° 442 -
Avril 1990, © Bayard Presse.

Vous trouvez les résultats de ce test p. 64

Enquête

Français et immigrés : vivre ensemble ?

1
Faits

La France a une longue tradition de terre d'asile et d'accueil pour les étrangers.
Depuis le début du XXᵉ siècle, la France a accueilli des millions d'immigrés :
d'origine européenne surtout et, plus récemment, d'origine maghrébine.
Il y a, aujourd'hui, environ 4 500 000 d'étrangers résidant en France
pour une population de 58,4 millions d'habitants.
En cette fin du XXᵉ siècle, les attitudes vis-à-vis de l'immigration
ont tendance à se radicaliser entre les partisans de l'exclusion et ceux de l'intégration.

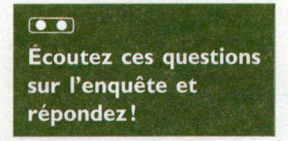

6
Commentaire
Gérard Mermet, sociologue :

Certains Français s'inquiètent d'un déséquilibre démographique croissant de la France, compte tenu de la natalité plus forte des étrangers. Surtout, ils craignent que l'identité culturelle française, déjà menacée par l'Europe, ne se dissolve progressivement dans la mise en place d'une société pluriculturelle. À travers ce grand débat sur l'immigration, ce sont toutes les peurs et les contradictions d'un peuple qui surgissent.

Francoscopie 1991 - © Éd. Larousse.

Écoutez ces questions sur l'enquête et répondez !

PILE N° 6
Unité 3

De haut en bas :
Noah, champion de tennis ;
Amina, jeune chanteuse ;
Smaïn, comique célèbre.

De bas en haut :
Platini, célèbre joueur de football ;
Jane Birkin, comédienne.

2
Opinions

Une journaliste de Pile ou Face a rencontré Frédéric et Djamel, deux jeunes d'une banlieue parisienne.

Là où vous habitez, il y a beaucoup d'immigrés ?

Frédéric : Dans mon immeuble, il n'y a pratiquement que des immigrés.

Et ?...
Et.. rien. Moi, tous mes copains sont beurs. On va en classe ensemble. On a monté un groupe de rock et on s'entend bien.

Et avec vos parents, comment ça se passe ?
Mes parents, eux, ils râlent !

Pourquoi ?
Parce qu'ils trouvent que leur quartier n'est plus comme avant. Ils ont peur. Ils ne se sentent plus chez eux. Ils disent qu'ils ne voient plus que des Noirs et des Maghrébins qui font du bruit... Ils voudraient même déménager !

Et vous, Djamel, qu'est-ce que vous en pensez ?
Djamel : Comme dit Frédéric, ses parents broient du noir ! On fait du bruit ? C'est vrai. Et alors ? On ne traînerait pas dans la rue si on avait du travail. Et puis, il y a quarante ans, qui a fait venir mes parents parce qu'on avait besoin de gens pour faire les sales boulots ? Tu sais, moi je me sens aussi français que Frédéric.

Frédéric : D'ailleurs, vous avez remarqué, il a encore plus l'accent parisien que moi !

★

3
Coup d'œil

Beur
Enfant, né en France, de parents d'origine maghrébine (Algérie, Maroc, Tunisie).

★

4
La peur... un mot qui revient souvent dans la bouche des adultes et pourtant l'intégration... ça marche !

★

5
Coup d'œil

Sur 100 enfants d'immigrés nés avant 1968, 54 sont des « cols blancs » (24 sont employés, 24 sont cadres moyens, 5 cadres supérieurs).

Données Sociales 1990 - INSEE

Soixante et un 61

Récit

Un cadeau

La ville au petit matin sonne comme un orchestre qui s'accorde : le choc des poubelles, les premières autos, des pas qui claquent sur le trottoir mouillé, le grincement des rideaux de fer qu'on soulève. On a beau être un 28 juillet, on se croirait en octobre. Les cloches de l'église forment des anneaux dans le ciel gris pareils aux gouttes de pluie tombant dans les flaques d'eau.
Gilles est assis dans un coin d'abribus face à la gare. Il a froid, il est fatigué, mais il se sent en paix, serein, en parfaite harmonie avec tout ce qui l'entoure. Peu lui importe le mauvais temps, la fatigue : dans quelques instants, Sylvie va arriver par le train de sept heures trente et Gilles meurt d'envie de voir la tête qu'elle fera en découvrant « son » cadeau.
Gilles habite à l'extérieur de la ville, dans ces grandes cités tristes où ne poussent que le béton, le métal rouillé et quelques arbres chétifs semblables à des balais plantés à l'envers dans la boue. L'ennui suinte de partout ; les gens qui vivent là marchent le dos voûté comme s'ils portaient un invisible fardeau, celui des jours monotones, ou plutôt d'un même jour toujours recommencé d'un bout de l'année à l'autre. Tout vieillit vite et mal ici, les immeubles, les enfants, les espoirs. Ce serait un peu l'Enfer s'il n'y avait pas Sylvie.

C'est son anniversaire aujourd'hui et c'est aussi le jour de son retour de vacances. Hier, toute la journée, Gilles a traîné dans la ville à la recherche d'un cadeau à lui faire. Il a vu beaucoup de choses très belles : des robes, des chapeaux, des disques, des livres, un perroquet du Brésil, un caniche nain, des bijoux, du parfum, mille choses merveilleuses, mais totalement inaccessibles pour son porte-monnaie.
3 F 50, 3 F 50 en tout et pour tout pour exprimer l'immense amour qu'il porte à Sylvie. Dérisoire ! Pas même de quoi acheter un pistolet en plastique pour attaquer une banque ! Il y a des jours où la pauvreté fait honte, où tout le monde paraît richissime à côté de soi.
Gilles voyait les gens sortir des magasins les bras chargés de paquets, de sacs qu'ils entassaient dans leurs grosses voitures brillantes et silencieuses comme des chats. Sans doute allaient-ils rejoindre de somptueuses villas entourées de jardins parfumés, bien protégées par de hauts murs, un peu comme celle où Sylvie habite. Il l'a suivie une fois, de loin bien entendu, puisque jamais il n'a osé lui adresser la parole. C'est au bahut qu'il a appris son nom, son adresse, la date de son anniversaire et celle de son retour de vacances. Ses copains se fichent de lui : « Le vers de terre amoureux d'une étoile ! Une fille de notaire ! Laisse tomber, elle n'est pas comme nous !... » Gilles ne les écoute pas, il veut faire à Sylvie le plus beau cadeau du monde, rien de moins ! Mais pour 3 F 50, c'est très difficile.

Il en était là de ses tristes pensées quand derrière lui quelqu'un l'a interpellé :
— Hé petit, ça te dirait de gagner quelques sous en m'aidant à décharger mon camion ?
— Et comment !
Inespéré ce type en bleu de travail s'épongeant le front avec un vieux mouchoir. Mais comme il était gros et profond ce camion rempli de caisses, de pots de peintures, de pinceaux et de brosses. À la fin de journée, Gilles avait les reins brisés et des crampes dans les mollets.
— Tu m'as donné un sacré coup de main, mon gars, viens boire une limonade ! Un billet de cent francs, ça te va ?
— Merci m'sieur, mais je référerais un pot de peinture et un gros pinceau, comme celui-là.
— Bizarre, mais si c'est ça que tu veux !...

La limonade avalée, son pinceau sous le bras et son pot de peinture à la main, Gilles avait attendu qu'il fasse nuit pour s'affairer sur le haut mur qui jouxte la gare.
Ça lui a pris la nuit, accroché comme une araignée sur le mur de briques. Il s'appliquait, traçant les lettres avec soin, évitant la moindre faute d'orthographe. Aux premières lueurs de l'aube, il avait terminé.
Dans cinq minutes, Sylvie va arriver. Sur le haut mur qui surplombe l'arrivée des trains, elle verra, écrit en lettres d'amour majuscules :
« Sylvie je t'aime et je veux que toute la ville le sache. » ■

Par Pascal Garnier

Entracte

1 Résultats du test de la page 59 : « Savez-vous prendre une décision ? »

Pour chaque question, repérez votre réponse et comptez 1 point dans la colonne correspondante (2 points quand la lettre est en couleur).

Les ■ dominent :
Vous prenez vos décisions **au pied du mur**. Dur, dur de choisir ! Votre décision prise, vous pensez toujours à ce que vous avez laissé en route. C'est pourquoi vous souhaitez, plutôt, que les choses se décident d'elles-mêmes.

Les ▲ dominent :
Vous prenez vos décisions **avec résolution**. Pas question de laisser quelqu'un d'autre décider à votre place ! Vous êtes même prêt à décider pour les autres. Spontané(e) et confiant(e), vous comptez sur vos intuitions et sur votre bonne étoile, pour ne pas faire de faux pas.

Les ● dominent :
Vous prenez vos décisions **après mûre réflexion**. Vous appréciez les décisions qui tiennent vraiment debout. Aussi, lorsque votre choix est fait, il est hors de question de revenir en arrière. Vos amis savent qu'ils peuvent compter sur vous pour les aider à prendre une décision juste.

Questions N°	■	●	▲
1	a	b	c
2	a	c	b
3	c	b	a
4	b	c	a
5	b	a	c
6	c	b	a
7	a	b	c
8	a	b	c

2 Un poème : « Chanson d'automne »

Les sanglots longs
Des violons
  De l'automne
Blessent mon cœur
D'une langueur
  Monotone.

Tout suffocant
Et blême, quand
  Sonne l'heure,
Je me souviens
Des jours anciens
  Et je pleure,

Et je m'en vais
Au vent mauvais
  Qui m'emporte
Deçà, delà,
Pareil à la
  Feuille morte.

Paul Verlaine, *Poèmes saturniens*, 1866

3 Une chanson

Dernier bus pour les cancres

Refrain

Explique-moi cet exercice !
Demain, c'est l'examen de français :
Je ne comprends rien au subjonctif,
Xavier, sois gentil, s'il te plaît !

Écoutez la chanson et :
a. Repérez les mots suivants : examen - excuse-moi - exercice - explique-moi - inextricable - Xavier.
b. Classez-les selon l'ordre alphabétique.
c. Dans ces mots, écoutez les sons [ks], [gz].

Pile... c'est facile !
Faire Face... c'est « la classe » !

Reportage
Les enfants de la baleine

Révisez la conjugaison de ÊTRE et AVOIR
aux temps connus (p. 140)
les nombres (p. 134)

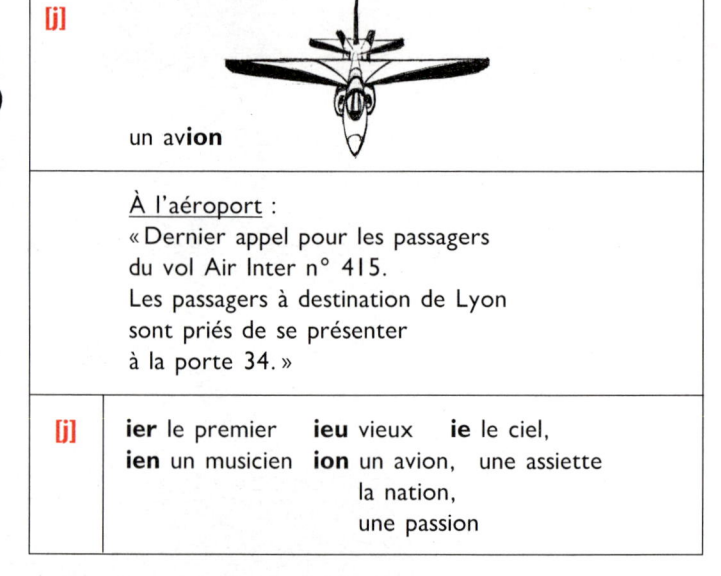

[j]

un av**ion**

À l'aéroport :
« Dernier appel pour les passagers
du vol Air Inter n° 415.
Les passagers à destination de Lyon
sont priés de se présenter
à la porte 34. »

[j]   i**er** le premi**er**   i**eu** vi**eux**   **ie** le ciel,
     i**en** un musici**en**   i**on** un avion, une assiette
                                la nation,
                                une passion

UN ADOLESCENT - UNE ADOLESCENTE

1   **Rappelez-vous !**

     un ami   une ami**e**
un employé   une employé**e**

NOM FÉMININ
nom masculin + **e**

2   **Qu'entendez-vous dans les cas suivants ?**

un adolescent   une adolescent**e**
   un cousin   une cousin**e**

3   **Que se passe-t-il dans les cas suivants ?**

un artiste   une artiste   un boulanger   une boulang**ère**
un journaliste   une journaliste   un fromager   une fromag**ère**
                                         un épicier   une épici**ère**

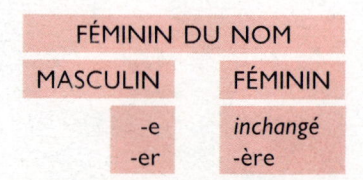

FÉMININ DU NOM	
MASCULIN	FÉMININ
-e	*inchangé*
-er	-ère

4   **Comment reconnaître le genre du nom ?**
une destination - un voilier - un carnet - le monde

Consultez un dictionnaire :
Extrait du Petit Robert.
BALEINE [balɛn], *n. f.* (1080 ; lat. *balæna*).
♦ 1° Mammifère cétacé de très grande taille (jusqu'à 20 m de long).

VOILIER [vwalje], *n. m.* (1510) ♦1° Un navire bon, mauvais voilier, qui marche bien, mal à la voile.

Regardez l'article ou l'adjectif placé devant :

le cousin	**la** cousine
un cousin	**une** cousine
mon cousin	**ma** cousine
ton cousin	**ta** cousine
son cousin	**sa** cousine
ce cousin	**cette** cousine
quel cousin ?	**quelle** cousine ?

5   **Relevez tous les noms de l'unité 1. Classez-les dans un tableau :**
MASCULIN - FÉMININ

6   Cherchez des métiers qui, à votre avis, n'ont pas de féminin. Comparez avec votre voisin(e). Vérifiez votre liste dans le dictionnaire.

TU PARLES - PARLE !

7   **Rappelez-vous !**

Les verbes comme « PARLER » au présent et à l'impératif

PRÉSENT

je parl**e**
tu parl**es**
il/elle parl**e**
nous parl**ons**
vous parl**ez**
ils/elles parl**ent**

IMPÉRATIF

parl**e** !
parl**ons** !
parl**ez** !

Je parle

8   **Complétez avec l'un des verbes suivants :**
arriver - écouter - montrer - nager - raconter - regarder - surveiller

Extrait du carnet de bord d'Émilie, sur le « Bilbo » :
« Aujourd'hui, nous ■ au Banc d'Argent. Nous ■ le capitaine : il ■ la vie des baleines à bosse. Je ■ autour de moi : où sont les baleines ? Sylvain ■ quelque chose dans l'eau transparente ! Ah ! la première baleine : elle ■ à côté du « Bilbo » ; elle ■ le bateau ! »

9   **Transformez ces phrases pour donner des ordres :**

1. Mathilde et François, <u>vous montez</u> à bord du Ringolevio : <u>nous partons</u>.
2. Yann, <u>tu emmènes</u> Victor avec toi.
3. <u>Nous cherchons</u> bien : nous trouverons.
4. Tu n'es pas contente ? <u>Tu retournes</u> chez toi.
5. <u>Vous restez</u> à terre jusqu'à 6 heures et <u>vous rentrez</u> avec votre capitaine.

JE NE PARLE PAS - NE PARLE PAS!

10 **Rappelez-vous!**

★ Je **ne** parle **pas**.
★ Michel **n'**habite **plus** ici.
★ **Ne** parle **pas**!
★ **N'**arrivez **jamais** en retard!
★ **Ne** rencontrez **personne**!

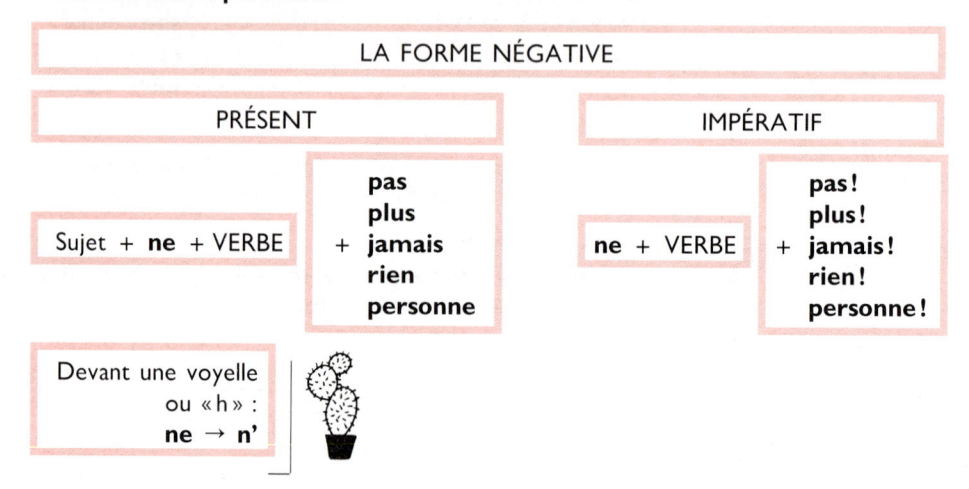

LA FORME NÉGATIVE	
PRÉSENT	**IMPÉRATIF**
Sujet + **ne** + VERBE + { pas / plus / jamais / rien / personne }	**ne** + VERBE + { pas! / plus! / jamais! / rien! / personne! }

Devant une voyelle ou « h » : **ne** → **n'**

11 Trouvez cinq actions que vous ne faites pas pendant le cours de français. Puis donnez l'ordre à votre voisin(e) de ne pas les faire.

Exemple : *Je ne promène pas mon chien pendant le cours de français.*
Ne promène pas ton chien pendant le cours de français!

À LA DÉCOUVERTE D'EUX-MÊMES...

12 **Rappelez-vous!**

★ **Lui**? C'est le facteur.
★ **Nous**, nous allons à la piscine le mercredi.
★ **Moi**, j'ai rendez-vous avec **eux**.
★ Je pense à **toi**.

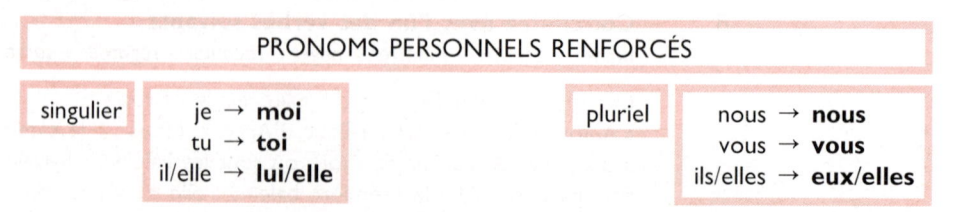

PRONOMS PERSONNELS RENFORCÉS	
singulier : je → **moi** / tu → **toi** / il/elle → **lui/elle**	pluriel : nous → **nous** / vous → **vous** / ils/elles → **eux/elles**

13 Maintenant, observez ces exemples : que trouvez-vous après le pronom personnel renforcé? Pourquoi? Comment s'accorde ce mot?

★ À la découverte d'**eux-mêmes**...
– Allo! Monsieur Durand? – **Lui-même**!
– Ce gâteau est excellent! – Je l'ai fait **moi-même**.
– Tu as fait ça **toi-même**? Bravo!

POUR INSISTER	
moi-**même**	nous-**mêmes**
toi-**même**	vous-**mêmes**
lui-**même**	eux-**mêmes**
elle-**même**	elles-**mêmes**

14 Construisez avec votre voisin(e) un petit dialogue dans lequel vous utilisez au moins deux fois « ... -même(s) ».

★

• *Chaque année*

★ **Chaque** année, l'association « La Baleine blanche » emmène des enfants en voilier...

15 Réunissez les éléments des colonnes 1 et 2 avec les éléments correspondants de la colonne 3 : soyez logique !
Exemple : Chaque soir, nous regardons le journal télévisé de 20 heures.

Chaque | matin, | nous allons en vacances en Bretagne
| jour, | le professeur de français fait une interrogation écrite
| semaine, | je me lève à 7 heures
| mois, | nous prenons le métro pour aller au collège
| année, | nous achetons une nouvelle carte orange

16 Recopiez ce mini-lexique.
Faites des phrases avec les mots de la deuxième colonne et les expressions.

Familier	Non familier	Quelques expressions :
On rigole	On rit, on s'amuse	À l'école de la vie.
On s'engueule	On se dispute	Mon cœur bat à 100 à l'heure.
À part	En dehors de..., à l'exception de...	Nous sommes tous dans le même bateau.
		On n'est plus sur la même longueur d'ondes.

🌼 **Jeux de mots**
Faites des phrases avec les mots de la colonne « Découvrez ».

Vous connaissez :	Découvrez :	
entendre quelqu'un/quelque chose	s'<u>entendre</u>	- Mon frère et moi, on s'entend bien.
<u>long</u>(ue)	une <u>longueur</u>	- Quelle est la longueur de cette table ?
une robe longue/un long chemin		
<u>voir</u> quelqu'un/quelque chose	re<u>voir</u> quelqu'un	- Je revois mes amis avec plaisir.
« au revoir ! »	quelque chose	

★ À la découverte **des autres**...

=== **Pense-bête** 👁️ ===

- Qu'est-ce que tu as fait cet été ?
- Où es-tu allée ?
- Avec qui es-tu partie ?
- C'était comment ?
- Ça s'est bien passé ?
- Il a fait beau ?
- Vous avez eu du beau temps ?
- Tu es contente de rentrer ?

Soixante-neuf 69

FACE N°1 Unité 2

Vie pratique
Trouvez votre style !

Révisez : le présent et l'impératif des verbes comme PARLER (p. 140)
le masculin et le féminin (p. 66)
la conjugaison des verbes ALLER
et FAIRE aux temps connus (p. 140)
les poids et mesures et les nombres ordinaux (p. 134)

Repérez : la Bourgogne et la Corse sur la carte de France (p. 130)

[aj] un m**aill**ot	[εj] le sol**eil**	[ij] un b**ill**et

Dans un grand magasin
- S'il vous plaît, mademoiselle, vous avez des maillots de bain ?
- Quelle taille faites-vous ?
- C'est pour ma fille, elle a huit ans.
- Nous ne faisons pas de maillots « fillettes ». Essayez au rayon « mer et soleil », au premier, derrière l'escalier.

[aj]	**ail** un travail	**aille** il travaille	**aï** aïe !
[εj]	**eil** le soleil	**eille** une oreille	**ay** un crayon
[ij]	**i** février	**ill** un billet	

UN FRÈRE - UNE MÈRE

★ Elle a un frère de sept ans
★ **Un** jeune **vendeur** s'est approché
★ Je suis tombé sur **une vendeuse**
★ Un pantalon pour **homme**

1 Observez la formation du féminin dans les cas suivants :

un chien   une chie**nne**
un chat   une cha**tte**

un vendeur   une vendeu**se**   un organisateur   une organisa**trice**
un chanteur une chanteu**se**   un explorateur   une explora**trice**

FÉMININ DU NOM	
MASCULIN	FÉMININ
-ien	-ienne
-t	-tte
-eur	-euse
	-rice

Certains noms n'ont pas de féminin :
un juge - un professeur - un médecin

Certains noms ont un féminin différent du masculin :
un frère   une sœur
un père   une mère
un oncle   une tante
un homme   une femme

2 **Mettez au féminin les noms masculins suivants (quand c'est possible).
Aidez-vous d'un dictionnaire :**

un ambassadeur	un épicier	un Anglais	un acheteur
un fromager	un pharmacien	un danseur	un homme
un ingénieur	un lecteur	un malade	un enfant

3 **Mettez au masculin les noms féminins suivants (quand c'est possible).
Aidez-vous d'un dictionnaire :**

une mariée	une candidate	une collégienne	une voyageuse
une marchande	une Américaine	une coiffeuse	une Canadienne
une nageuse	une actrice	une Belge	une voiture

4 **Relevez tous les noms de l'unité 2. Classez-les dans un tableau :
MASCULIN - FÉMININ.**

ATTENDEZ ! - J'APPRENDS...

5 **Rappelez-vous !**

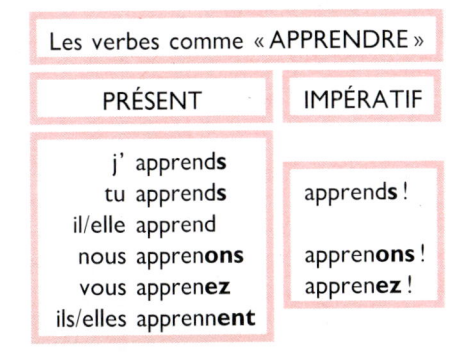

Les verbes comme « ATTENDRE »

PRÉSENT
j' attend**s**
tu attend**s**
il/elle attend
nous attend**ons**
vous attend**ez**
ils/elles attend**ent**

IMPÉRATIF
attend**s** !
attend**ons** !
attend**ez** !

j'attends → je **n'**attends **pas**
j'apprends → je **n'**apprends **rien**

Les verbes comme « APPRENDRE »

PRÉSENT
j' apprend**s**
tu apprend**s**
il/elle apprend
nous apprend**ons**
vous apprend**ez**
ils/elles apprenn**ent**

IMPÉRATIF
apprend**s** !
apprend**ons** !
apprend**ez** !

attendez ! → **n'**attendez **pas** !
apprends ! → **n'**apprends **rien** !

6 **Conjuguez les verbes RÉPONDRE et COMPRENDRE au présent de l'indicatif
et à l'impératif.**

7 **Mettez les verbes aux temps qui conviennent :**

A
- Sylvie, je vais à Beaubourg : tu viens avec moi ?
- Ça *(dépendre)* ! Tu *(prendre)* ta voiture ?
- Non, je *(attendre)* l'autobus.
- Alors je *(rester)* à la maison
et je *(répondre)* à mon courrier.

B
- *(apprendre)* ta leçon pour mercredi !
- Mais je ne *(comprendre)* pas le texte, madame !
- *(prendre)* un dictionnaire, mon petit !

C
- Chaque année, nous *(vendre)* nos livres chez Gibert.
- Vous *(vendre)* vos livres ? Quel dommage !

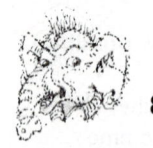

ME, TE, SE...

8 **Rappelez-vous!**

– Je **me** maquille beaucoup et toi, tu **te** maquilles aussi?
– Vous **vous** connaissez? – Non, nous **nous** rencontrons pour la première fois!
– En été, le soleil **se lève** tôt et **se couche** tard.
– Les enfants **se téléphonent** tous les jours.
– Les filles de mes voisins **s'appellent** Julie et Josette.
– **Lève-toi** Adrien, il est déjà 8 heures!
– **Asseyez-vous**!

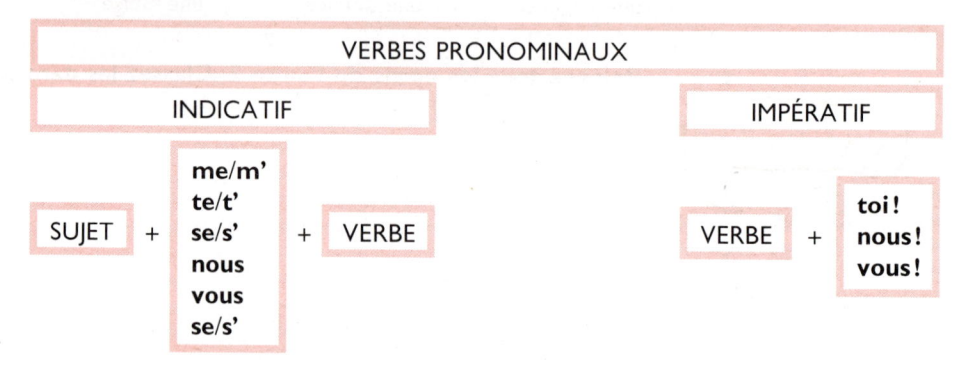

VERBES PRONOMINAUX

INDICATIF

SUJET + me/m' / te/t' / se/s' / nous / vous / se/s' + VERBE

IMPÉRATIF

VERBE + toi! / nous! / vous!

9 **Complétez par le verbe qui convient :**
se coiffer - se dépêcher - se laver - se lever - se maquiller

– Nathalie et moi, nous ■ toujours avec une queue de cheval.
– Mais ce n'est plus à la mode!
– Tu ■ beaucoup? – Non, très peu!
– ■ ! Vous allez rater votre train!
– Je ■ à 6 heures tous les matins. – Tous les matins!
– J'ai une heure de métro pour aller au bureau!
– ■ les mains avant de manger : tu es vraiment très sale ce soir!

VOUS NE VOUS LAVEZ JAMAIS - NE VOUS DÉPÊCHEZ PAS!

10 **Observez ces exemples : à quel temps sont les verbes? Que remarquez-vous?**

Je **ne** me lève **pas**.
Nous **ne** nous maquillons **pas**.
Vous **ne** vous dépêchez **pas**.
Vous **ne** vous moquez **jamais** de moi.

Ne te lève **pas**!
Ne nous maquillons **plus**!
Ne vous dépêchez **pas**!
Ne vous moquez **jamais** de moi!

LES VERBES PRONOMINAUX (forme négative)

PRÉSENT

Sujet + **ne** + me/te/se/nous/vous/se + VERBE + pas/plus/jamais

IMPÉRATIF

ne + te/nous/vous + VERBE + pas/plus/jamais + !

Devant une voyelle ou « h » :
me → m'
te → t'
se → s'

11 Racontez trois actions que vous ne faites pas, plus ou jamais.
Utilisez des verbes pronominaux.

12 Interdisez à votre voisin(e) de faire cinq actions. Utilisez des verbes pronominaux.

UN JUGE POUR ENFANTS

★ Les enfants **de la** baleine
★ Une baleine **à** bosse
★ Une salopette **pour** homme

13 Observez ces exemples : quelle est la différence entre les deux colonnes ?

les enfants	les enfants de la baleine
une baleine	une baleine à bosse
une salopette	une salopette pour homme
un juge	un juge pour enfants
le cours	le cours de gym
une robe	une robe en laine
le livre	le livre de Nathalie
un jus	un jus de fruits

14 Observez les exemples de la deuxième colonne : comment sont reliés les deux noms ? Quelle précision apporte le deuxième nom ?

NOM COMPLÉMENT DE NOM

NOM 1 + à / de / pour / en + NOM 2

15 Trouvez cinq expressions sur ce modèle.
Précisez ce qu'apporte le deuxième nom.
Comparez votre liste avec celle de votre voisin(e).

★ Devenez **une autre** !
★ Une vendeuse **qui faisait exprès**...
★ Exactement **ce que** je cherchais

Jeux de mots
Faites des phrases avec les mots de la colonne « Découvrez ».

Vous connaissez :	Découvrez :	
un client/une cliente	une <u>client</u>èle	*La clientèle de ce magasin est très jeune.*
un nom	<u>nomm</u>er quelqu'un quelque chose	*Il a nommé son fils « Jean »*
une personne	la <u>personn</u>alité	*Ma sœur a une très forte personnalité.*
regarder quelqu'un/quelque chose	le <u>regard</u>	*Il n'a jamais un regard pour elle.*

Pense-bête

- Quel âge a-t-elle ? – Elle a 14 ans.
- Comment est-elle ? – Elle est blonde.

★

- Combien mesurez-vous ? – 1,75 m.
- Où habitez-vous ? – Sartrouville, près de Paris.
- Est-ce que vous avez des frères ? des sœurs ?
  – J'ai un frère et deux sœurs.
- D'où êtes-vous ? – De Dijon.

Rencontre
Jean-Pierre, musicien amateur

Révisez : la formation du féminin (p. 70)
la conjugaison de PARLER aux temps connus (p. 140)
les nombres ordinaux (p. 134)

[œj]	[εj]
un faut**euil**	le sol**eil**

Des places pour un concert
- Tu veux deux fauteuils pour le concert de Pierre Duteil ?
- Tu as vu le prix des places ? Comment veux-tu te payer ça ?
- Mais moi, je peux avoir des billets à l'œil !
- Comment ça ?
- Mon frère travaille au théâtre de Créteil : il a des billets gratuits.
- Dans ce cas... je veux bien, merci !

[œj]	**euil** un fauteuil	**euill** une feuille	**œil** un œil

UN MUSICIEN - DES MUSICIENS

1 **Rappelez-vous !**

    un ami   des ami**s**
    une amie   des amie**s**
    un boulanger   des boulanger**s**
    une boulangère   des boulangère**s**

NOM PLURIEL
nom singulier + **s**

2 **Que se passe-t-il dans les cas suivants ?**

un cour**s**, des cour**s**   un pri**x**, des pri**x**   un ne**z**, des ne**z**

3 **Et dans les cas suivants ?**

un bat<u>eau</u>, des bat<u>eaux</u>   un cad<u>eau</u>, des cad<u>eaux</u>
un chev<u>eu</u>, des chev<u>eux</u>   un chev<u>al</u>, des chev<u>aux</u>

PLURIEL DU NOM	
SINGULIER	PLURIEL

nom singulier -s
            -x
            -z
	inchangé

nom singulier -eau -eu	nom singulier + **x**
nom singulier -al	-aux

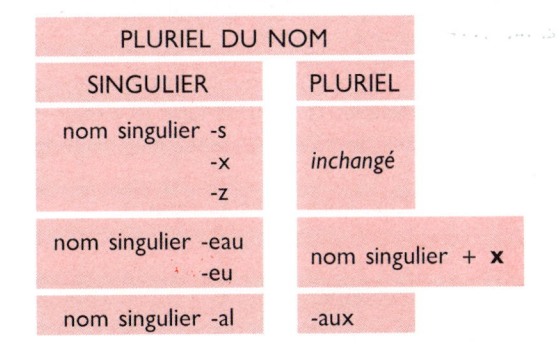

4 **Comment savoir si un nom est au pluriel ?**

Regardez l'article ou l'adjectif placé devant :

les
des   cousins
mes/tes/ses cousines
ces

quels cousins ?
quelles cousines ?

5 **Mettez au pluriel les noms singuliers suivants. Aidez-vous d'un dictionnaire :**

un adolescent   quelle danseuse ?   son tapis   un Portugais
ce bureau   mon tableau   cette eau   son professeur
l'ingénieur   la cuisinière   un feu   un journal

6 **Mettez au singulier les noms pluriels suivants. Aidez-vous d'un dictionnaire :**

des jeux   les canaux
les animaux   les radiateurs
les Américains   les musiciens
ces cheveux   les mathématiques
les cheminées   les Français

7 Relevez tous les noms de l'unité 3. Classez-les dans un tableau :
SINGULIER - PLURIEL.

IL FINIT - PARTONS!

8 Rappelez-vous!

Les verbes comme « FINIR »		Les verbes comme « PARTIR »	
PRÉSENT	IMPÉRATIF	PRÉSENT	IMPÉRATIF
je fini**s** tu fini**s** il/elle fini**t** nous finiss**ons** vous finiss**ez** ils/elles finiss**ent**	fini**s** ! finiss**ons** ! finiss**ez** !	je par**s** tu par**s** il/elle par**t** nous part**ons** vous part**ez** ils/elles part**ent**	par**s** ! part**ons** ! part**ez** !

9 Complétez avec l'un des verbes suivants :
choisir - sortir - finir - réussir - repartir

1. Qu'est-ce que tu ■ : la musique ou les mathématiques ?
2. ■ d'abord tes examens et tu pourras faire le métier de tes rêves !
3. Où vont tes nouveaux amis ? – Ils ■ chez eux, en Angleterre : leurs vacances ■ aujourd'hui.
4. Vous ■ ce soir ? – Oui, nous allons au théâtre.

LUI, LEUR

10 Rappelez-vous!

Gérard parle <u>à son professeur de français</u>   Gérard **lui** parle
Gérard parle <u>à Véronique</u>   Gérard **lui** parle
Gérard parle <u>à ses copains</u>   Gérard **leur** parle

Parle <u>à ton professeur de français</u> !   Parle-**lui** !
Parle <u>à Véronique</u> !   Parle-**lui** !
Parle <u>à tes copains</u> !   Parle-**leur** !

LEUR	
PRONOM PERSONNEL <u>Avant ou après un verbe</u>	Gérard **leur** parle Parle-**leur** !
ADJECTIF POSSESSIF <u>Devant un nom</u>	**Leur** famille

11 **LEUR**, adjectif possessif ou pronom personnel ?
1. Donnez-leur du travail, car le travail c'est la santé !
2. Tu leur parles ? Tu les connais ?
3. Elles s'organisent pour garder intactes leurs belles résolutions.
4. Leur secret de santé : le sport, le sport et encore le sport !
5. Clothilde et Suzon sont à Londres : leur mère leur téléphone tous les soirs.

JE NE TE PARLE PAS – NE LUI PARLE PAS!

12 **Observez ces exemples : à quel temps sont les verbes?**
Que remarquez-vous?

Gérard **ne** lui parle **pas**.	**Ne** lui parle **pas**!
Elle **ne** leur parle **plus**.	**Ne** leur parle **plus**!
Vous **ne** me téléphonez **jamais**.	**Ne** me téléphonez **jamais**!
Nous **ne** te donnons **rien**.	**Ne** lui donnez **rien**!

PRONOMS PERSONNELS COMPLÉMENTS - Forme négative
(construction indirecte : après « à »)

PRÉSENT

Sujet + ne + { me / te / lui / nous / vous / leur } + VERBE + { pas / plus / jamais / rien }

IMPÉRATIF

ne + { me / lui / nous / leur } + VERBE + { pas / plus / jamais / rien } + !

Devant une voyelle
ou « h » :
me → m'
te → t'

13 **Ils disent toujours le contraire : que disent-ils?**
Exemple : Je lui parle en français – Non, tu ne lui parles pas en français.

1. – Nous lui téléphonons chaque dimanche. – Non, ■
2. – Envoyez-lui ces fleurs! – Non, ■
3. – Donnez-nous ces livres! – Non, ■
4. – Vous leur apportez le journal. – Non, ■
5. – Vous m'achetez cette B.D. – Non, ■

OÙ...

★ Voici le collège **où** je vais.
★ Je suis allé chez « Jeans et Cie » **où** vont tous les copains.
★ Il y a des périodes **où** je ne fais rien.

14 **Observez ces exemples : à quoi sert OÙ?**

– Voici un collège. Je vais dans ce collège.
  Je vais **où**? → dans ce collège   [Voici **le** collège] [**où** je vais]

– Je suis allé chez « Jeans et Cie ». Tous mes copains vont chez « Jeans et Cie ».
  Tous mes copains vont **où**? → chez « Jeans et Cie »
  [Je suis allé chez « Jeans et Cie »] [**où** vont tous les copains]

– Il y a des périodes. Je ne fais rien pendant ces périodes.
  Je ne fais rien **à quel moment**? → pendant ces périodes
  [Il y a des périodes] [**où** je ne fais rien]

PRONOM RELATIF « OÙ »

Voici le collège **où** je vais

où remplace un nom

complément de lieu (ou de temps) du verbe

15 Évitez les répétitions en reliant les deux phrases par OÙ :
1. Voici un restaurant. Je mange dans ce restaurant.
2. Le 11 septembre ? C'est un jour. Je suis rentré en classe ce jour.
3. C'est une ville. Je suis né dans cette ville.
4. Voilà un magasin. J'achète mes vêtements dans ce magasin.
5. C'est un matin. Je suis arrivé en retard à mon travail ce matin.

16 OÙ et OÙ. Repérez OÙ pronom relatif :
1. Où est-ce que tu habites, Sylvie ? – Dans la maison où habitaient mes parents et mes grands-parents.
2. À l'heure où je peux voir un bon film, je dois faire mes devoirs : c'est dommage !
3. Tu vas où ? – Au centre commercial avec ma mère.
4. Les Grandes Galeries, le grand magasin où vous trouverez toute la mode féminine aux meilleurs prix.
5. Le collège où je vais s'appelle le collège Louis-Pasteur.

17 Parlez de lieux ou de moments importants dans votre vie en utilisant OÙ.

★

Jeux de mots
Faites des phrases avec les mots de la colonne « Découvrez ».

Vous connaissez :	Découvrez :	
les mathématiques	un mathématicien / une mathématicienne	Jean-Pierre veut être mathématicien.
la musique	un musicien / une musicienne	Francis est un très bon musicien.

Pense-bête

– Quand êtes-vous né ? – En 1975.
– Où êtes-vous né ? – À Orléans.
– Quelle est votre nationalité ? – Je suis français.
– Qu'est-ce que vous faites ?
– Quel est votre métier ? – Je suis musicien.
– Comment avez-vous commencé ?
 – Au début, je chantais dans une chorale.

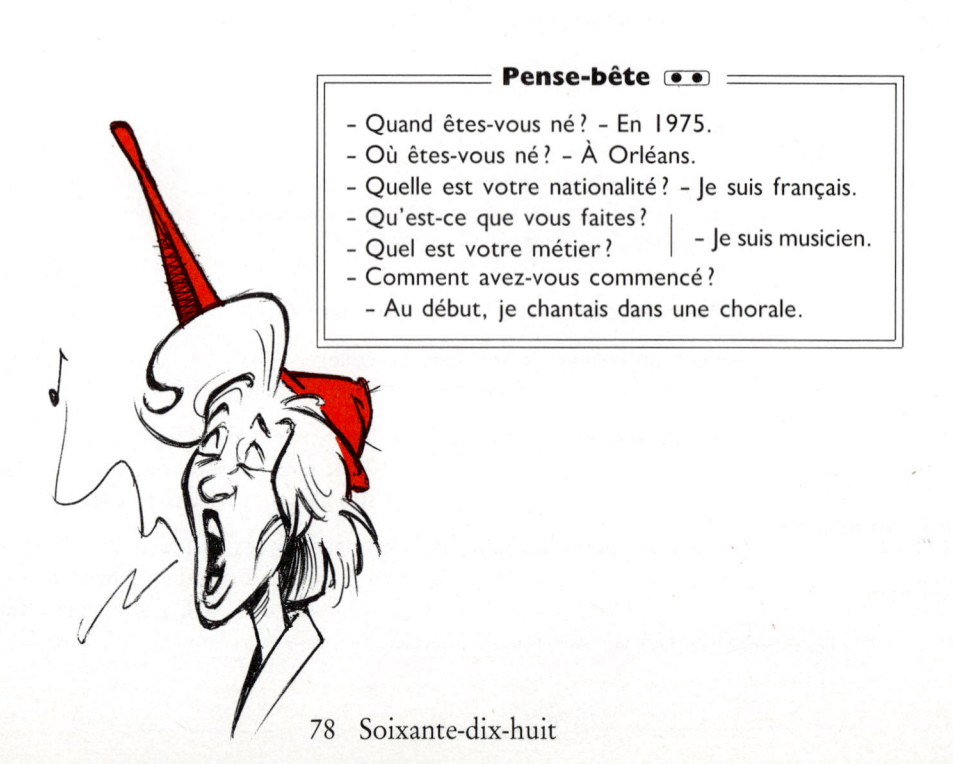

FACE N°2
Unité I

Reportage - Hier
Vivre au temps des Mousquetaires du Roi

Révisez : les verbes pronominaux (p. 72)
les nombres ordinaux (p. 134)
le nom complément de nom (p. 73)
la conjugaison de FINIR aux temps connus (p. 140)
les grands nombres et les dates (p. 135)

Repérez : Louis XIV sur la grille de l'histoire de France (p. 132)
Paris et Versailles sur la carte de France (p. 130)

[waj]	[ɥij]	[uj]
un n**oy**au	un t**uy**au	une gren**ouille**

À la station-service
- Le plein en super s'il vous plaît !
- Avancez un peu : le tuyau est trop court. Je regarde l'huile ?
- Oui, oui...
- Eh ben, dites donc, ça fait longtemps que vous voyagez comme ça ?
- Depuis ce matin !
- Il y a peut-être une fuite... Vous avez un garage à l'entrée de Brouilly.
- C'est loin ?
- Non, vous voyez le feu rouge : c'est juste après...
- Merci. Gardez la monnaie !

[waj]	**oy** un noyau
[ɥij]	**uy** un tuyau
[uj]	**ouill** une grenouille

AU, AUX... DU, DES...

1 Rappelez-vous !

Corrigez les phrases quand c'est nécessaire :

Tu vas (à + le) collège.
Nous écrivons (à + les) copains.
Il téléphone (à + la) gare.
Nous allons (à + la) bibliothèque

Cédric attend l'heure (de + le) dîner.
Patrick revient (de + les) sports d'hiver.
Il sort (de + la) classe.
Les baleines sortent (de + l') eau.

à + le → AU	de + le → DU
à + les → AUX	de + les → DES
à + la → à la	de + la → de la
à + l' → à l'	de + l' → de l'

Soixante-dix-neuf

2 **Construisez des phrases avec un verbe de la série a) et un ou plusieurs noms de la série b) :**
a) *s'adresser à - s'approcher de - emmener (à) - fusiller (de) - parler à/de - téléphoner à/de*
b) *l'épicier - la poste - le professeur de français - le regard - le studio d'enregistrement - le vendeur - la vendeuse*
Exemple : (parler - expédition) Le jeune explorateur parle de l'expédition dans son journal de bord.

LE, LA, LES (pronoms)

3 **Rappelez-vous !**

Gérard rencontre son professeur de français   Gérard **le** rencontre
            Achète cette robe !   Achète-**la** !

LE, LA, (L'), LES	
PRONOMS PERSONNELS COMPLÉMENTS : Avant ou après un verbe	Gérard **le/la/les** rencontre Rencontre-**le/la/les** !
ARTICLES DÉFINIS : Devant un nom	**le** chien - **la** femme - **les** maisons

4 **Repérez LE, LA, (L'), LES : articles définis ou pronoms personnels ?**

A
- Vous la reconnaissez ?
- Bien sûr ! C'est Mme Dupuis !
- Alors, saluez-la !

B
- Les toilettes sont sales !
- Pourtant, on les nettoie tous les jours !

C
- Vous avez un livre de la bibliothèque ?
- Oh ! j'ai oublié de le rendre !
- Cela ne fait rien : gardez-le !

D
- Tu aimes vraiment le luxe !
- Je ne l'aime pas : je l'adore !

GÉRARD NE LE RENCONTRE PLUS - NE L'ACHÈTE PAS !

5 **Observez ces exemples : à quel temps sont les verbes ?**
Que remarquez-vous !

Gérard **ne** le rencontre **plus**.   **Ne** le rencontre **plus** !
Tu **ne** l'achètes **pas**.   **Ne** l'achète **pas** !
Nous **ne** les oublions **jamais**.   **Ne** les oublions **jamais** !
Je **ne** vous donne **rien**.   **Ne** me donnez **rien** !
Tu **ne** m'aides **pas**.   **Ne** m'aide **pas** !

PRONOMS PERSONNELS COMPLÉMENTS - Forme négative
(construction directe)

PRÉSENT

Sujet + **ne** + me / te / le/la / nous / vous / les + VERBE + pas / plus / jamais / rien

IMPÉRATIF

ne + me / te / le/la / nous / vous / les + VERBE + pas / plus / jamais / rien + !

Devant une voyelle ou « h » :
me → m'
te → t'
le/la → l'

6   **Ils disent toujours le contraire : que disent-ils ?**
1. Je te connais.   – Non, ■
2. Aidez-la !   – Non, ■
3. Emportez-les en vacances !   – Non, ■
4. Gilles nous promet de venir.   – Non, ■
5. On me trouve toujours à la maison.   – Non, ■

UN LITRE DE...

★ Un litre **d'**eau
★ Treize ans **de** travaux
★ Il n'y a pas **de** chauffage

7   **Observez ces exemples : que devient l'article ?**

J'ai **des** livres à la maison.   J'ai **assez de** livres à la maison.
Il boit **de la** bière.   Il boit **beaucoup de** bière.
Il y a **des** toilettes.   Il n'y a **pas de** toilettes.
Tu veux **des** pommes ?   Tu veux **un kilo de** pommes ?
Je voudrais **du** pain.   Je voudrais **plus de** pain.
Il y avait **des** duels.   Il y avait **trop de** duels.

LA QUANTITÉ

Quand le nom est précédé d'un quantitatif :
assez - beaucoup - pas - (un) peu - plus - moins - un kilo, un litre, un million, etc.

« de », « du »,
« de la », « de l' »   } → de/d'

8   **Transformez ces phrases en utilisant un quantitatif + de :**
Exemple : Donnez-moi des pommes de terre ! → *Donnez-moi deux kilos de pommes de terre !*

1. Donnez-moi du matériel pour enregistrer mes chansons !
2. En France, il y a des chanteurs amateurs comme Jean-Pierre.

3. Les grands seigneurs de la Cour se mouchent dans les rideaux !
4. À Paris, au temps des Mousquetaires, on trouve des maisons en pierre.
5. Les 35 fontaines de Paris donnent de l'eau à chaque Parisien.

9 **Composez des phrases pour commander une quantité précise de :**
bière - riz - fruits frais - francs - silence - pain - galette - temps - eau
Exemple : *(café)* → Apportez-moi une tasse de café, s'il vous plaît !

Y...

★ Louis XIV et sa Cour s'**y** installent en 1683.

10 **Observez les exemples suivants : que remplace Y ?**
- Mettez les fleurs sur table ! - Mais elles **y** sont déjà !
- Vous pensez à votre bac ? - Oh ! là ! là ! nous **y** pensons tout le temps !
- Qu'est-ce que vous mettez dans votre sac ? - J'**y** mets des livres et des cahiers.
- Tu vas au cinéma ? - Mais non, je **n'y** vais **jamais** !
- Vous habitez en Corse ? - Nous **n'y** habitons **plus** : nous avons déménagé en mai.

MAIS : - Vous pensez à votre sœur ? - Je pense **à elle** tout le temps !

PRONOM « Y »
y remplace **à, dans, en, sur + nom de chose**

devant **y** :
je → j'   ne → n'

11 **Observez les exemples suivants :**
- Vous venez à la piscine ? - Non, allez-**y** sans moi ! (allez à la piscine sans moi !)
- Les vacances approchent : pensez-**y** ! (pensez aux vacances !)

MAIS :
Pense à ta sœur ! → Pense à elle !

PRONOM « Y » À L'IMPÉRATIF	
vas-**y** !	penses-**y** !
allons-**y** !	pensons-**y** !
allez-**y**	pensez-**y** !

devant **y** :
a → as
(vas-y = [vazi])
e → es
(penses-y = [pãsəzi])

12 **Transformez les phrases pour éviter les répétitions :**
1. Vous allez à Bordeaux ? - Oui, nous passons nos vacances <u>à Bordeaux</u>.
2. Tu emmènes ta petite sœur à la plage ? - Alors, fais attention <u>à ta petite sœur</u> !
3. Cet hôtel ne te plaît pas ? - Reste <u>dans cet hôtel</u> au moins jusqu'à demain !
4. Tu vas au collège avec Olivier ? - Oui, je vais au collège <u>avec Olivier</u>.
5. Que fais-tu dans ce studio ? - J'enregistre une cassette <u>dans ce studio</u>.

Pense-bête

- Où allez-vous ? - À Versailles.

★

- Le château de Versailles, s'il vous plaît ?
- Vous continuez tout droit et vous prenez la première à gauche.

★

- Pardon, monsieur, la rue de Richelieu ?
- Mais... vous y êtes, mademoiselle !

- Je cherche les toilettes.
- Au fond du couloir, à côté de l'ascenseur.

★

- Où se trouve la mairie ?
- Place Foch.

FACE N°2
Unité 2

Test
Quel type d'ami(e) êtes-vous ?

Révisez la formation du féminin (p. 70)
la formation du pluriel (p. 75)
la conjugaison du verbe PARTIR
aux temps connus (p. 140)

Repérez La Fontaine sur la grille de l'histoire de France (p. 132)

[b]	[p]
une ro**b**e	**p**a**p**a

Devant un restaurant :
– Paul, on partage une petite bouffe ?
– Avec plaisir. On va où ?
– Au « Bon Bœuf », peut-être...
– Oh ! c'est toujours plein : je préfère « Le Bourbonnais », c'est plus près et c'est moins cher.

[p]	**p** un papa **pp** appeler

UN BON FILM - UN AMI VÉRITABLE

1   **Rappelez-vous !**
le grand garçon   la grand**e** fille
il est blond   elle est blond**e**

> ADJECTIF QUALIFICATIF AU FÉMININ
>
> adjectif au masculin + **e**

2   **Que se passe-t-il dans les cas suivants ?**
un palais splendide   une maison splendide
Cher Antoine   Ch**ère** Caroline
Luc est inquiet   Marion est inqui**ète**
un homme heureux   une femme heureu**se**
un bon gâteau   une bo**nne** glace
il est italien   elle est italie**nne**

FÉMININ DE L'ADJECTIF QUALIFICATIF	
MASCULIN	FÉMININ
-e	*inchangé*
-er, -et	-ère, -ète
-eux	-euse
-on, -ien	-onne, -ienne

3   **Mettez cette petite annonce au féminin :**

« Je m'appelle Dominique. J'ai 14 ans. Je suis français. Je suis grand et brun. Je cherche un correspondant belge, canadien ou marocain. J'ai un superbe chien noir et un chat gris. J'adore les animaux. Si vous aimez les timbres, les BD et le rock, écrivez-moi vite ! »

4   Dans ce dialogue, accordez les adjectifs :
- Tu connais Sandra ?
- La *(jeune)* fille du premier ?
- C'est ça !
- Elle est *(mignon)*, mais elle est très *(timide)*... et un peu *(sot)*, je crois.
- *(Sot)* ? Pas du tout ! Elle est *(calme)*, *(intelligent)*, *(joli)*, *(blond)*...
- Et *(courageux)* et *(merveilleux)* : dis donc, toi, tu es amoureux d'elle !

5   « Un bon film », « un ami véritable » : observez la place des adjectifs dans ces exemples :

un **petit** homme   un chien **noir**
une **grande** ville   un palais **splendide**
un **bon** film   ta correspondante **canadienne**
une **belle** histoire   des fruits **frais**
un **vieux** livre   un ami **véritable**
mon **meilleur** copain   une maladie **contagieuse**

PLACE DES ADJECTIFS QUALIFICATIFS
EN GÉNÉRAL → APRÈS LE NOM
POUR QUELQUES ADJECTIFS → AVANT LE NOM

beau - joli   bon ≠ mauvais   jeune ≠ vieux
               meilleur ≠ pire   petit ≠ grand

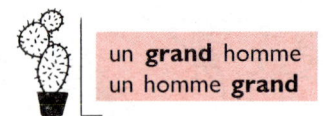

un **grand** homme
un homme **grand**

6   Utilisez chacun des adjectifs suivants dans deux phrases. Comparez avec votre voisin(e) : beau - célèbre - rouge - mauvais - sévère - bon.

LE PASSÉ

7   Rappelez-vous !
- Hier **nous avons rencontré** Gilles dans la rue, il **se promenait** avec son chien.

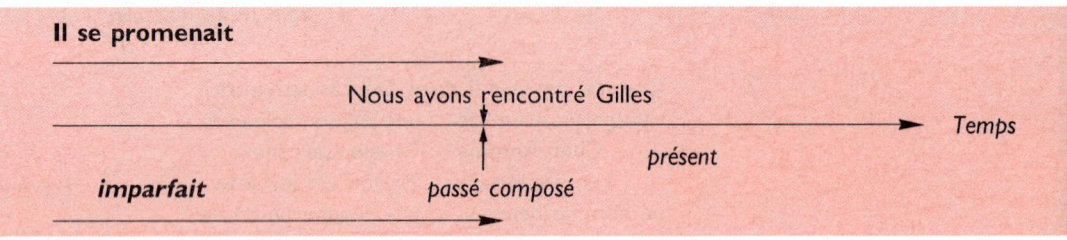

Il se promenait
                    Nous avons rencontré Gilles
                                                                    Temps
                                              présent
imparfait   passé composé

8   Passé composé ou imparfait ? Pourquoi ?
« L'homme est sorti de son bureau à 18 heures. Il a regardé à droite et à gauche. Il n'y avait personne dans la rue. Il est parti en direction du métro. Il s'est arrêté pour acheter un journal. Il a regardé à droite et à gauche. La rue était vide. Il est descendu dans le métro. Le quai était plein de monde. Il a voulu lire son journal, mais c'était impossible. Il y avait trop de monde. L'homme a attendu sur le quai une demi-heure. Il y avait de plus en plus de monde. Dans la rue, le soleil brillait, les oiseaux chantaient... la chaussée était vide, absolument vide... toute la ville était dans le métro. »

LE PASSÉ COMPOSÉ

9 **Rappelez-vous !**
- Hier, j'**ai fini** mon travail à 18 heures.
- En 1986, il **a escaladé** le mont Blanc.
- Cet été, Philippe **est allé** en Grèce. - Et Nadine ? - Elle **est allée** en Espagne.
- Dimanche dernier, Gérard et Pierre **sont montés** en haut de l'Arc de Triomphe.
- Ce matin, elle **s'est promenée** avec son chien.

PASSÉ COMPOSÉ avec AVOIR	PASSÉ COMPOSÉ avec ÊTRE
SUJET + **AVOIR** + PARTICIPE PASSÉ	entrer ≠ sortir - monter ≠ descendre aller ≠ venir - tomber - rester - verbes pronominaux
	SUJET + **ÊTRE** + PARTICIPE PASSÉ (accord avec le sujet)

10 **Observez les exemples suivants :**
- Tu **as été** malade ? - Oui, j'**ai eu** une angine.
- Vous **avez eu** François au téléphone ? - Non, j'**ai été** dérangée !
- Le boulevard Haussmann et la rue Monceau **ont été** construits au XIXe siècle.

	AVOIR	ÊTRE
Participe passé	eu	été
Passé composé	j'ai eu	j'ai été

IL VOUS A MENTI

★ Il **me** ment il **m'**a menti
★ Il **le** vole il **l'**a volé

11 **Observez les exemples suivants :**

Le professeur a parlé à François. Le professeur **lui** a parlé.
Le professeur a parlé à Juliette. Le professeur **lui** a parlé.
Le professeur a parlé aux élèves. Le professeur **leur** a parlé.

MAIS :

Le professeur a rencontré François. Le professeur **l'**a rencontré.
Le professeur a rencontré Juliette. Le professeur **l'**a rencontrée.
Le professeur a rencontré Paul et Françoise. Le professeur **les** a rencontrés.
Le professeur a rencontré Juliette et Martine. Le professeur **les** a rencontrées.

> LE PARTICIPE PASSÉ S'ACCORDE
> AVEC LE COMPLÉMENT D'OBJET DIRECT
> (placé avant AVOIR)

12 **Évitez les répétitions à l'aide d'un pronom personnel :**
1. Vous connaissez Charles ? - Oui, j'ai rencontré Charles chez des amis cet été.
2. Tu aimes cette fille ? - J'ai aimé cette fille, mais je ne l'aime plus.
3. Marie a téléphoné à ses parents. - Elle a téléphoné à ses parents ? Mais ils n'ont pas le téléphone !

4. Jacques a chanté avec Céline et Delphine pendant leur concert ? – Non, il a accompagné <u>Céline et Delphine</u> à la guitare.
5. Luc a appelé (<u>nous</u>) avant de partir.
6. Mes parents ont acheté un jeu électronique <u>à ma sœur</u>.

★

Jeux de mots
Faites des phrases avec les mots de la colonne « Découvrez ».

Vous connaissez :	**Découvrez :**	
partir de : *je pars de Paris*	re*partir* :	– *Françoise est ici ?*
avec : *je pars avec toi*	partir à nouveau	– *Non, elle est venue à 11 heures et elle est repartie.*
un voyageur	un *voyage*	– *Où est ton père ? – Il est en voyage.*
	voyager	– *Mon père voyage beaucoup.*

═══ **Pense-bête** 👓 ═══

– Bonjour : je suis Henri, le copain de Jo.
– Annie Meunier, journaliste à *Pile ou Face*.
★
– Allô, Pierre Leroi à l'appareil...
– Ici, Denis Mérimet, je vous appelle pour prendre rendez-vous.

★
– Vous vous connaissez ?
– Vous connaissez mon frère ?
– Je te présente Sophie, la fille de Paul.
– Pierre Langlois, Dorothée Mourier.
★

Enquête
Filles ou garçons : quelles chances de réussite ?

Révisez l'article devant le nom précédé d'un quantitatif (p. 81)
la phrase négative (p. 68)
la conjugaison de ATTENDRE aux temps connus (p. 140)
l'expression des pourcentages (p. 134)

[d]	[t]
un **d**é	la **t**erre

<u>À la poste</u> :
– Qu'est-ce que je dois faire pour envoyer un télégramme au Danemark ?
– Remplissez cet imprimé... en capitales.
– En attendant, j'ai ce paquet pour la République d'Andorre.
– 1,5 kg. Vous expédiez votre télégramme maintenant ?
– Non, plus tard. Je vous dois pour le paquet ?
– 33 F
– Voilà, madame... merci.

| [t] | **t** un **t**rain - un gâ**t**eau | **tt** a**tt**endre |

J'AIMAIS LIRE...

1 **Rappelez-vous !**
- elle **faisait** exprès de ne rien comprendre
- il ne **fallait** pas mâcher du chewing-gum devant la clientèle
- exactement ce que je **cherchais**...
- je **chantais** avec mes copains
- les trois Mousquetaires **connaissaient**-ils... ?

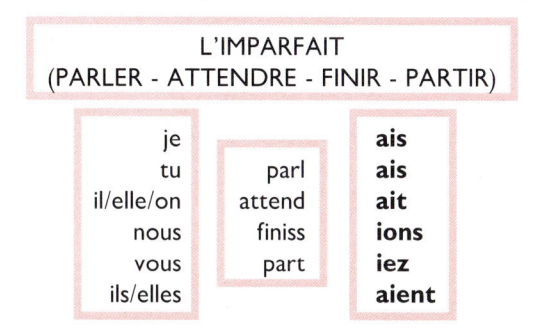

L'IMPARFAIT
(PARLER - ATTENDRE - FINIR - PARTIR)

je		ais
tu	parl	ais
il/elle/on	attend	ait
nous	finiss	ions
vous	part	iez
ils/elles		aient

2 **Conjuguez à l'imparfait :** ÊTRE - AVOIR - ALLER - FAIRE.

3 **Mettez à l'imparfait, dans le reportage « Vivre au temps des Mousquetaires du Roi », le texte 4 :** « Vivre en ville... » **et le texte 6** « ... et à Versailles » (à partir de : « Le palais est splendide... »).

PLUS... QUE, MOINS... QUE, AUSSI... QUE

4 **Rappelez-vous !**
- Les filles apprennent à parler **plus** tôt, à lire **plus** vite **que** les garçons.
- Les filles sont **moins** combatives **que** les garçons.

LA COMPARAISON

plus... que → >	moins... que → <	aussi... que → =
plus grand que plus vite que plus fatigué que	moins grand que moins vite que moins fatigué que	aussi grand que aussi vite que aussi fatigué que

- Les filles sont **meilleures** en français **que** les garçons.
- Les filles travaillent **mieux que** les garçons.

(plus bon) que → meilleur que
(plus bien) que → mieux que

(moins bon) que → pire que

5 **Faites des comparaisons en utilisant les éléments suivants :**
Exemple : filles > garçons (jeunes). Dans sa classe, les filles sont plus jeunes que les garçons.

Pierre > Paul (être intelligent)
le mont Blanc < l'Himalaya (être haut)
le lièvre > la tortue (courir vite)
le docteur Jarlier > le docteur René (être bon médecin)
Stéphanie = Mireille (être gentille)

PLUS DE FILLES QUE DE GARÇONS...

★ **Il y a plus de** filles **que de** garçons.

6 **Observez ces exemples : que deviennent les articles ?**
Dans mon collège, il y a **des** filles et **des** garçons.
Dans mon collège, il y a **plus de** filles **que de** garçons,
     moins de filles **que de** garçons,
     autant de filles **que de** garçons.

Dans cette association, il y a **des** hommes et **des** femmes.
Dans cette association, il y a **plus d'hommes que de** femmes,
     moins d'hommes que de femmes,
     autant d'hommes que de femmes.

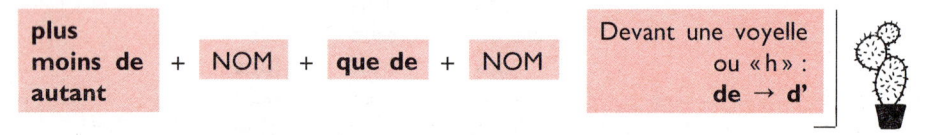

| plus
moins de
autant | + NOM + | que de | + NOM | Devant une voyelle
ou « h » :
de → d' |

7 Comparez : a) le nombre d'habitants dans votre pays et en France,
b) le nombre de garçons et de filles dans votre classe,
c) le nombre de jours de classe et de vacances.

QUI...

– Voici le garçon **qui** apprend le français.
★ Il faut sortir d'une grande école **qui** prépare à ces postes.
★ Je suis tombé sur une vendeuse **qui** faisait exprès de ne rien comprendre.

8 **Observez ces exemples : à quoi sert QUI ?**
– Voici un garçon. Ce garçon apprend le français.
     qui est-ce qui apprend le français ? → le garçon
     [Voici **le** garçon] [**qui** apprend le français]

– Il faut sortir d'une grande école. La grande école prépare à ces postes.
     qu'est-ce qui prépare à ces postes ? → la grande école
     [Il faut sortir d'**une** grande école] [**qui** prépare à ces postes]

– Je suis tombé sur une vendeuse. La vendeuse faisait exprès de ne rien comprendre.
     qui est-ce qui faisait exprès de ne rien comprendre ?
     → la vendeuse
     [Je suis tombé sur **une** vendeuse] [**qui** faisait exprès de ne rien comprendre]

PRONOM RELATIF « QUI »

Voici le garçon **qui** apprend le français.

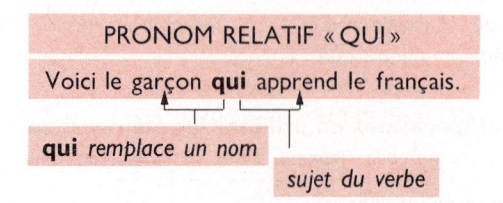

qui *remplace un nom*   *sujet du verbe*

9 « QUI » ou « QUI » ? Repérez QUI pronom relatif dans les phrases suivantes :
1. Qui veut un chewing-gum ? – Moi !
2. Nous achetons toujours les oranges qui viennent d'Espagne.

3. Vous connaissez la fille qui sort du ciné ?
4. Allô ? Qui est à l'appareil ?
5. Buffon ? Tu connais ? C'est qui ?

10 **Reliez les deux phrases en évitant les répétitions :**
1. En vacances, j'ai rencontré une fille. Cette fille va dans mon collège.
2. Achetez un pantalon. Ce pantalon vous plaît.
3. Nous n'aimons pas des copains. Ces copains refusent de partager.
4. Élodie préfère lire des romans. Ces romans finissent bien.
5. Il a un cheval. Son cheval s'appelle Hector.

★

- *Depuis vingt ans*

   ★ Les grandes écoles ne sont ouvertes aux filles que **depuis** 20 ans.
   ★ **Depuis** 1873, le président de la République française habite au palais de l'Élysée.

11 **Composez des phrases avec les éléments de chaque colonne :**

Les Durand habitent ici		1981
Je vous attends		1789
L'Académie française est ouverte aux femmes	depuis	ce matin
Stéphane va à l'école		cinq ans
Le drapeau français existe		longtemps
Je n'ai rien mangé		midi
		septembre

12 Racontez trois événements de votre vie en utilisant DEPUIS.

Jeux de mots
Faites des phrases avec les mots de la colonne « Découvrez ».

Vous connaissez :	Découvrez :	
un nombre	nombreux	- Ses amis sont très nombreux.
préférer	nombreuse	
	une préférence	- Mes préférences vont à la littérature et au cinéma.

Pense-bête 🔘

- Vous aimez ce disque ?
- Oui, beaucoup.
- J'adore ! C'est magnifique !
- J'aime assez, mais je préfère le rock.
   ★

- Ça te plaît ?
- Non, pas beaucoup.
- Non, pas du tout.
- Bof ! ce n'est pas terrible.
- Je déteste !

BILANS DES NUMÉROS 1 ET 2

1 **Complétez les phrases suivantes par « OÙ » ou par « QUI » :**
1. Tu connais *Zaza*, rue Mouffetard ? - Bien sûr, c'est la boutique où j'ai acheté ce pull.
2. Tu as vu le garçon qui accompagne Stéphane ? - Oui, il est dans ma classe.
3. Il y a des jours où je me demande pourquoi je reste à Paris, avec tous ces encombrements, ce bruit ! - Oui, mais c'est la ville où habitent tous tes copains.
4. Pour lui, c'est le résultat qui compte !

2 **Précisez les phrases par une des expressions de quantité suivantes :**
assez - beaucoup - deux litres - un kilo - un peu
Exemple : *Je mange du pain à chaque repas* → *Je mange 150 g de pain à chaque repas.*

1. S'il vous plaît ! Je voudrais de la glace pour mon jus de fruits.
2. Tu viens avec nous à la piscine ? - Impossible, j'ai du travail.
3. Et pour vous madame, ce sera ? - Je voudrais des fruits. - Choisissez !
4. Est-ce que tu as des livres à lire pendant le week-end ? N'oublie pas que tout est fermé jusqu'à mardi ! - Ah ! oui, lundi, c'est le 11 novembre !
5. Quand il fait chaud, vous devez boire de l'eau chaque jour.

3 **Remplacez les noms soulignés par le pronom qui convient :**
1. Tu vas à la piscine dimanche ? - Non, je ne vais plus <u>à la piscine</u> : je fais du karaté.
2. Clotilde est fatiguée, elle ne veut pas aller au théâtre ce soir : allez <u>au théâtre</u> sans elle !
3. Dans mon quartier, il y a plein de travaux : on construit un lycée <u>dans mon quartier</u>.
4. Tu passes tes vacances à Nice ? - Je ne passe pas mes vacances <u>à Nice</u> : je fais mes études <u>à Nice</u>.

4 **Mettez les verbes entre parenthèses au passé composé :**
1. Elle vous *(dire)* ça ? - Mais c'est faux !
2. Vous lui *(enregistrer)* cette émission ? - Oui, elle sera contente : elle adore ce chanteur ?
3. Tu lui dois de l'argent ? - Oui je lui *(emprunter)* 200 francs hier, pour une semaine !
4. Il me *(manquer)* trois points pour avoir mon bac. - Ça c'est bête, alors !

5 **Comparez et rédigez un petit commentaire :**

	BIBLIOTHÈQUES PUBLIQUES	MUSÉES	CINÉMAS
Espagne	1 677	610	2 234
France	1 141	1 437	5 063

D'après *Euroscopie*, Gérard Mermet, 1991, p. 174.

6 **Décrivez Annie Dumontier à l'aide des informations suivantes :**
Taille : 1,70 m   Préférences : cinéma - télévision - sport - Patrick Bruel.
Poids : 60 kg
Cheveux : blonds
Yeux : verts

FACE N°3
Unité 1

Reportage - Aujourd'hui
Les mystères du sous-sol de Paris

Révisez les verbes pronominaux au présent (p. 72)
l'imparfait (p. 87)
chaque (p. 69)
la conjugaison de VENIR aux temps connus (p. 140)
l'heure et les distances (p. 135)

Repérez Paris sur la carte de France (p. 132)
Victor Hugo sur la grille de l'histoire de France (p. 130)

[ɔ]	[o]
une p**or**te	la ch**au**ssée

À la porte d'un commissariat de police :
– Pardon, monsieur l'agent, j'ai perdu la clef de mon antivol !
– Adressez-vous aux « objets trouvés » !
– Mais j'ai laissé mon vélo devant votre porte : la clé est sûrement tombée sur le trottoir ou dans le caniveau !
– Essayez de téléphoner aux égouts de Paris : ils ont un service spécial pour ça.

[o]	**o** un dos **ô** tôt **au** aussi **eau** l'eau

DES MILLIERS D'OSSEMENTS ENTASSÉS...

1 Rappelez-vous !

un livre fermé   des livres fermés   (du verbe FERMER)
une porte fermée   des portes fermées
Les grands magasins **sont fermés** le dimanche.

> LE PARTICIPE PASSÉ (employé comme adjectif)
>
> S'ACCORDE COMME UN ADJECTIF

2 Trouvez et accordez les participes passés des verbes entre parenthèses :
1. Les paquets *(envoyer)* lundi arriveront mardi ou mercredi à leur destinataire.
2. Les classes de technologie *(créer)* dans les collèges attirent de nombreux élèves.
3. Les rues *(nettoyer)* le matin sont sales dès midi !
4. On peut retrouver un objet *(tomber)* dans une bouche d'égout.
5. L'eau sale est *(transporter)* dans les égouts.
6. Jean Valjean et Marius, *(cacher)* dans les égouts, essaient d'échapper à la police.

CE PETIT ORDINATEUR

3 Rappelez-vous !
- ★ Toute **cette** eau sale...
- ★ **Cette** année, ils sont dix adolescents...
- ★ On a transporté **ces** ossements...

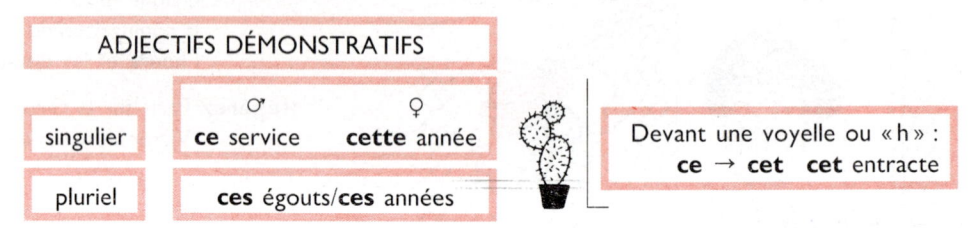

ADJECTIFS DÉMONSTRATIFS		
	♂	♀
singulier	**ce** service	**cette** année
pluriel	**ces** égouts / **ces** années	

Devant une voyelle ou « h » :
ce → **cet**   **cet** entracte

4 Complétez par un adjectif démonstratif :
1. Tu vois ■ plaque bleue, au-dessus de la porte de ■ immeuble ? C'est le numéro de la rue.
2. ■ trottoir est très sale : nettoyez-le !
3. ■ clés sont à vous ? – Non, je les ai trouvées sur la chaussée, à côté de ■ voiture.
4. Je n'aime pas ■ enregistrement du *Boléro* de Ravel.
5. Tu trouves que ■ vêtements te vont ?

LE(S) PLUS... LE(S) MOINS...

★ **Le plus grand** marché de la capitale

5 Observez les exemples suivants :
Le jaguar est l'animal **le plus rapide**.
Les voyageurs **les moins pressés** prendront le métro, les autres prendront un taxi.
Le meilleur élève de la classe s'appelle Charles Lumière.
C'est **la meilleure** soirée de l'année !

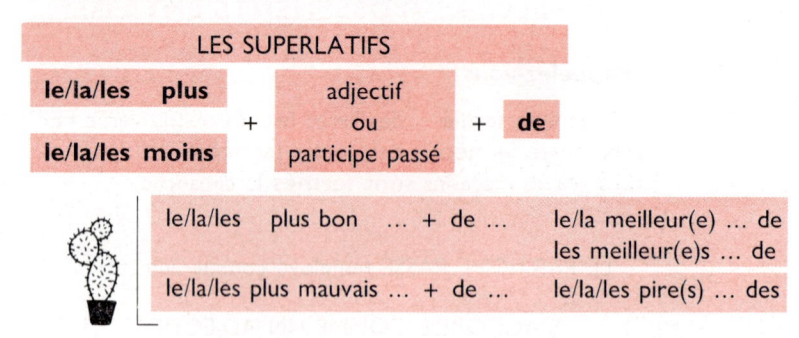

LES SUPERLATIFS		
le/la/les plus	+ adjectif ou participe passé	+ **de**
le/la/les moins		

le/la/les plus bon ... + de ...	le/la meilleur(e) ... de	
	les meilleur(e)s ... de	
le/la/les plus mauvais ... + de ...	le/la/les pire(s) ... des	

6 Faites cinq phrases avec « LE PLUS... », « LE MOINS... » en combinant les éléments suivants :

la chambre	bon	la classe
l'élève	célèbre	la France
le meuble	confortable	la maison
le musicien	indiscret	le magasin
la question	tranquille	le questionnaire
la vendeuse	utile	l'appartement

7 Parlez de cinq choses ou personnes que vous connaissez en utilisant des superlatifs.

FACE N°3
Unité 2

★

🌼 Jeux de mots
Faites des phrases avec les mots de la colonne « Découvrez ».

Vous connaissez :	Découvrez :	
sous	des<u>sous</u>	- *Tu as vu les livres ? Ton journal est dessous.*
	au-des<u>sous</u>	- *Au-dessous de 1 500 m, il pleut.*
	le <u>sous</u>-sol	- *un <u>sou</u>terrain*

Pense-bête 👀

- Est-ce que je peux prendre ce livre ? - Oui, bien sûr !
★
- On peut faire des photos ici ? - Oui, c'est permis.
★
- Il est interdit de parler pendant l'interro de maths.
★
- « Défense d'entrer ! »

Vie pratique
Gérez votre argent !

Révisez le pronom « y » (p. 82)
l'impératif (p. 71)
du/de la/des (p. 79)
la conjugaison de POUVOIR - VOULOIR (p. 140)
les grands nombres (p. 135)

[m] la maison	[n] une tartine

Au comptoir :
- Garçon, s'il vous plaît !
- Voilà ! voilà ! qu'est-ce que je vous sers ?
- Moi, je prends un « crème » avec une tartine.
- Et pour vous, madame, ce sera ?
- Un café avec une brioche.

[m]	**m** la maison, aimer	**mm** un homme
[n]	**n** un nez	**nn** une année

Quatre-vingt-treize   93

MON, TON, SON...

1 **Rappelez-vous!**

★ Parlez-en à **vos** parents!
★ Les jeunes proposent **leurs** services...
★ Ça, c'est **mon** problème!

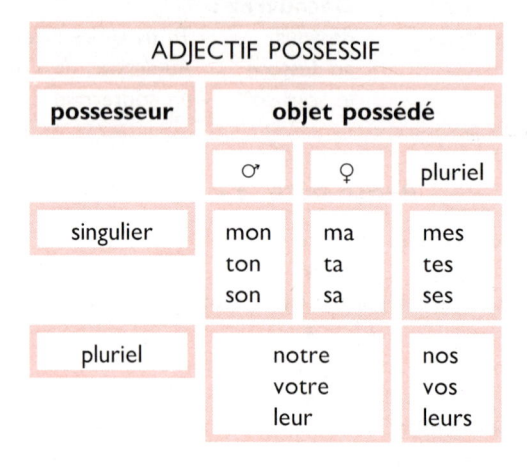

ADJECTIF POSSESSIF			
possesseur	objet possédé		
	♂	♀	pluriel
singulier	mon ton son	ma ta sa	mes tes ses
pluriel	notre votre leur		nos vos leurs

2 **Complétez les phrases par un adjectif possessif :**
1. Xavier est boulanger. ■ sœur travaille avec lui.
2. Demandez à ■ amis de vous aider.
3. Pour ■ anniversaire, j'ai invité tous ■ copains et toutes ■ copines.
4. Vous faites ces courses pour ■ voisin?
   – Oui, je fais ■ courses et chaque semaine, je lave ■ voiture.
5. Nous nettoyons ■ chaussures chaque matin et nous accrochons ■ blouson dans l'armoire de ■ chambre.
6. Tu veux bien laver ■ auto? Je te donne 50 F.

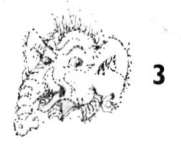

ILS REMARQUERONT...

3 **Rappelez-vous!**

★ ce n'est pas ça qui me **fera** acheter
★ ce n'est pas votre argent que vos copains **remarqueront**

LE FUTUR (PARLER - ATTENDRE - FINIR - PARTIR)			INFINITIFS	FUTUR		
je tu il/elle nous vous ils/elles	parler attendr finir partir	ai as a ons ez ont	ALLER	j'irai	tu iras	nous irons
			FAIRE	je ferai	tu feras	nous ferons
			SAVOIR	je saurai	tu sauras	nous saurons
			POUVOIR	je pourrai	tu pourras	nous pourrons
			DEVOIR	je devrai	tu devras	nous devrons
			TENIR	je tiendrai	tu tiendras	nous tiendrons
			VENIR	je viendrai	tu viendras	nous viendrons

4   **Mettez les phrases au futur :**
1. Qu'est-ce que tu fais pour gagner ton argent de poche ? – Je garde des enfants le soir.
2. Vous aussi vous vous regroupez pour laver des voitures ? – Non, nous tondons des pelouses.
3. Les gens viennent pour le film, pas pour le confort de la salle !
4. Il n'emprunte pas d'argent à ses parents : il ne peut pas rembourser !
5. Il faut distribuer ces journaux.
6. – Tu sais revenir seul ? – Je vais avec Philippe, c'est plus sûr !
7. Ils finissent leur travail et ils prennent leur argent.

5   Décrivez trois projets en utilisant le futur. Comparez avec votre voisin(e).

QUE...

★ Voici le garçon **que** je connais.
★ Tu regardes les films **que** tu aimes.
★ Mais si vous préférez garder chez vous l'argent **que** vous avez gagné...

6   **Observez ces exemples : à quoi sert** QUE ?

– Voici un garçon. Je connais ce garçon.   [Voici **le** garçon] [**que** je connais]
      je connais **qui** ? → ce garçon

– Tu regardes des films. Tu aimes ces films.   [Tu regardes **les** films] [**que** tu aimes]
      tu aimes **quoi** ? → ces films

– Mais si vous préférez garder chez vous de l'argent. Vous avez gagné cet argent.
      vous avez gagné **quoi** ? → cet argent
      [Mais si vous préférez garder chez vous **l'**argent] [**que** vous avez gagné]

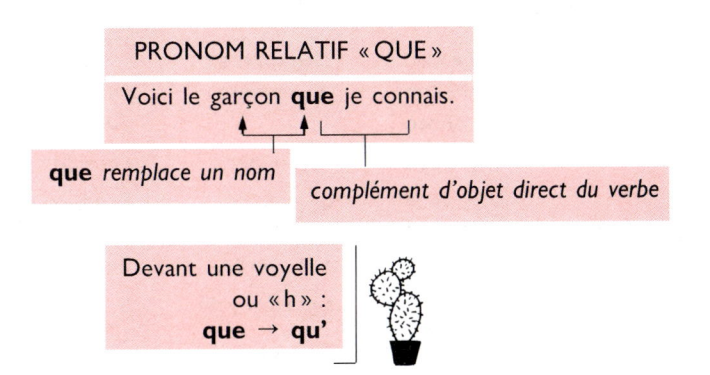

PRONOM RELATIF « QUE »
Voici le garçon **que** je connais.
que remplace un nom   complément d'objet direct du verbe

Devant une voyelle ou « h » : **que** → **qu'**

7   QUE **ou** QUE ? **Repérez** QUE **pronom relatif dans les phrases suivantes :**
1. Ton frère ? C'est le garçon que j'admire le plus !
2. Que voulez-vous ? – Je voudrais un livre sur les animaux.
3. Je pense que tu es assez grand pour gagner ton argent de poche !
4. Les Michaud habitent la maison blanche que tu voulais acheter.
5. Pourquoi est-ce que tu es venue ? – Parce que Marie m'a invitée !
6. C'est la chanson qu'il préfère.

8 **Reliez les deux phrases en évitant les répétitions :**
1. J'ai acheté un gâteau. Tu aimes tant ce gâteau.
2. André porte un blouson. Il n'aime pas ce blouson.
3. C'est une chanson. Nous chantions cette chanson quand nous étions enfants.
4. Je connais le professeur de français. Tu auras ce professeur de français.
5. Donne-moi un verre ! Tu tiens ce verre à la main !

★

- *De plus en plus nombreuses*

   ★ Des solutions **de plus en plus** nombreuses.
   ★ Il y a **de plus en plus** de filles dans les classes de mathématiques.

   De plus en plus ≠ **De moins en moins.**

9 **Complétez les phrases avec DE PLUS EN PLUS ou DE MOINS EN MOINS :**
1. En France, il y a ■ de filles dans les classes techniques.
2. Les bacheliers sont ■ nombreux : 80 000 en 1948, 800 000 en 1990.
3. Il y a malheureusement ■ de voleurs... et de vols dans le métro et dans les lycées.
4. – Je trouve que les jeunes sont ■ intéressés par les problèmes de société.
   – Je ne suis pas d'accord avec vous : les adolescents sont ■ actifs dans les associations où l'on s'occupe de ces problèmes.

Jeux de mots
Faites des phrases avec les mots de la colonne « Découvrez ».

Vous connaissez :	Découvrez :	
compter sur quelqu'un sur quelque chose	un <u>compte</u>	- J'ai ouvert un compte à la Banque de Marseille. - Tu as fait le compte des jours de vacances.
un groupe	re<u>group</u>er	- Les enfants ont été regroupés dans leurs classes.
un serveur	un <u>service</u> <u>servir</u> quelqu'un à + <u>verbe</u>	- Rends-moi service : sors le chien ! - Les Mousquetaires servaient le Roi de France. - Cet objet sert à faire des glaces.
sûrement	<u>sûr</u> (<u>sûre</u>) de	- Je suis sûr de sa réponse !

Pense-bête

- Gare aux pièges !
- Méfiez-vous de vos coups de cœur !
- Attention, frimeurs !
- Tu feras attention : c'est dangereux.
- Si vous prêtez tout votre argent, il ne vous restera rien.
- Vous allez encore perdre votre temps !
- Je te préviens : ne recommence pas !

Rencontre
Sophie Solal, écrivain en herbe

Révisez les adjectifs possessifs (p. 94)
les pronoms relatifs « qui » (p. 88) et « que » (p. 95)
les verbes pronominaux (p. 72)
l'imparfait (p. 87)
le participe passé au passé composé (accord) (p. 85)
la conjugaison de SAVOIR - DEVOIR (p. 140)
les grands nombres (p. 135)

Repérez La Fontaine sur la grille de l'histoire de France (p. 132)

JE VOUS FAIS UN CHÈQUE ?

[v] un **v**élo   [f] le **f**eu

Dans une librairie-papeterie
- Je voudrais *La Farce du Diable*, s'il vous plaît !
- Le livre de Sophie Solal ?
- C'est ça !
- Vous le trouverez avec les nouveautés.
  ★
- Je prends ces livres... Avez-vous un feutre vert ?
- Voilà ! Ça vous fait 89 F.

[f]   **f** le **f**eu   **ff** l'a**ff**olement   **ph** la géogra**ph**ie

L'ARTICLE PARTITIF

1 Rappelez-vous !
- Je prends **du** pain au petit déjeuner
- Vous voulez **de la** bière ?
- Tu as **de l'**argent ?
- Je mange **des** lentilles

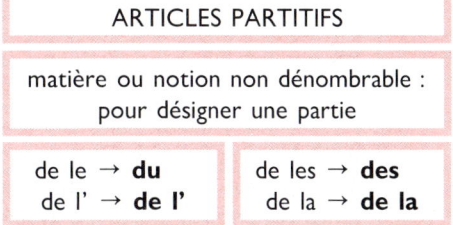

ARTICLES PARTITIFS
matière ou notion non dénombrable : pour désigner une partie

de le → **du**	de les → **des**
de l' → **de l'**	de la → **de la**

2 Mettez l'article qui convient :
1. Tu as ▇ argent ? – Non, pas ▇ sou !
2. Vous avez ▇ feu ? – Non, désolé, je ne fume pas.
3. Prenez ▇ eau sur ▇ table et apportez-la ici !
4. Vous parlez ▇ guerre dans votre roman ? – Oui, ▇ guerre et ▇ racisme.
5. Elle aime inventer ▇ histoires qui ont ▇ morale.

CE QUI... CE QUE...

★ Si des gens lisent **ce que** j'écris...

3 Observez les exemples suivants :
★ **Ce qui** est à moi est à moi, **ce qui** est à toi est à toi → ce = les choses
★ Je sais **ce qu'**il veut (**ce que**) → ce = le vêtement,

CE QUI : remplace un sujet

CE QUE : remplace un complément d'objet direct

Devant une voyelle
ou « h » :
ce que → ce qu'

4 Complétez par CE QUI, CE QUE, CE QU' :
1. ■ est fait est fait !
2. Tu veux toujours ■ tu n'as pas !
3. Qu'est-ce que vous buvez ? – ■ vous avez !
4. Ne touche pas à ■ se trouve sur la table !
5. J'espère que Jean aimera ■ je prépare pour son anniversaire.

LE FUTUR PROCHE

5 Rappelez-vous !
★ Des enfants mais aussi des adultes **vont lire** ton livre.
★ J'espère qu'ils **vont aimer** cette histoire.

Et aussi :
– Nous **allons lui parler** ce soir.
– Vous **allez la rencontrer** samedi prochain ?
– Il **va se lever** à 7 heures, demain.

LE FUTUR PROCHE

Verbe ALLER conjugué + VERBE à l'infinitif

6 Mettez les phrases au futur proche :
1. Ils dépensent tout leur argent en vêtements.
2. Tous les gens qui lisent son roman le trouvent superbe.
3. Qu'écrivez-vous ? – J'écris un roman policier.
4. Vous vous lavez avec cette eau froide ?
5. Tu reviens seul ? – Je vais avec Philippe, c'est plus sûr !
6. Ils finissent leur travail et nous les payons.

LE FUTUR PROCHE (forme négative)

Ils **ne** vont **pas** lire ton livre.
Patricia **ne** va **pas** chercher son petit frère à l'école.
Nous **n'**allons **pas** rentrer à la maison ce soir.
Tu **ne** vas **pas** le voir.

7 Décrivez trois actions que vous allez faire et trois actions que vous n'allez pas faire dans un futur proche. Comparez avec votre voisin(e).

★

• *Si des gens lisent…*
   ★ **Si** des gens **lisent** ce que j'écris, cela me **rassurera**.
   ★ **Si** je **mange** trop, **je suis** malade.
   – **Si** tu ne **peux** pas rembourser, n'**emprunte** pas !

$$\text{SI} + \underbrace{\text{VERBE AU PRÉSENT}}_{A} + \underbrace{\text{VERBE} \begin{cases} \text{au présent} \\ \text{au futur} \\ \text{à l'impératif} \end{cases}}_{B}$$

8 **Choisissez une phrase dans chaque colonne et reliez-les par SI : soyez logique !**

1. avoir besoin d'argent
2. écrire un bon roman
3. fermer les yeux
4. manger assez au petit déjeuner
5. partir trop tard

a. avoir beaucoup de lecteurs
b. avoir faim à 10 heures
c. emprunter à la banque
d. ne rien voir
e. rater son bus

9 **Faites des phrases avec les expressions suivantes :**

★ un stylo à la main — *avoir quelque chose à la main*
★ il ne faut pas fermer les yeux sur… — *fermer les yeux sur quelque chose*
★ les enfants aussi ont leur mot à dire — *avoir son mot à dire*
★ l'écriture représente un moyen de… — *c'est un moyen de + VERBE À L'INFINITIF*
★ c'est une façon de m'évader de… — *c'est une façon de + VERBE À L'INFINITIF*

★ De graves problèmes **pourraient être évités**…

Pense-bête

– J'ai mal à la gorge ! – Mon pauvre petit !
– Je suis fatiguée ! – C'est normal, repose-toi !
– Quelle vie !
– Elle ne m'aime plus. – Mais si, elle t'adore, seulement elle a des soucis.
– Si ce n'est pas malheureux ! – Vous avez raison : ces jeunes, tous les mêmes !

Reportage - Hier

Vivre au temps des chevaliers

Révisez le participe passé (p. 91)
les verbes pronominaux (p. 72)
les pronoms relatifs « qui » (p. 88) et « que » (p. 95)
les poids (p. 134)

Repérez le Moyen Âge sur la grille de l'histoire de France (p. 130)

[a] une **t**able	[ɑ] un g**â**teau

Avant un match de rugby
– Tu vas au Parc ce soir ?
– Pour quoi faire ?
– Ben, pour la finale du Tournoi des Cinq Nations !
– Oh ! tu sais, moi, le rugby, ce n'est pas ma « tasse de thé » !
– Oui, mais le Tournoi, ce n'est pas du sport, c'est du spectacle.
– Et ça t'amuse, toi, de voir des gens se battre pour un ballon ?
Moi, je préfère le cinéma !
– Tu peux pas comparer !

[ɑ]	**a** un p**a**s **â** un g**â**teau

DONT...

– Voici le livre **dont** on parle beaucoup.
– J'ai vu le garçon **dont** vous m'avez parlé.
★ Le chevalier se consacre à la femme **dont** il est amoureux.
★ Les seigneurs organisent souvent des tournois **dont** les chevaliers raffolent.

1 **Observez ces exemples : à quoi sert DONT ?**
– Voici un livre. On parle beaucoup de ce livre.
        On parle **de quoi** ? → de ce livre
                             [Voici **le** livre] [**dont** on parle beaucoup]

– J'ai vu un garçon. Vous m'avez parlé de ce garçon.
        Vous m'avez parlé **de qui** ? → de ce garçon
                            [J'ai vu **le** garçon] [**dont** vous m'avez parlé]

PRONOM RELATIF « DONT »
Voici le livre **dont** on parle beaucoup.
dont remplace un nom
complément du verbe (construction indirecte avec « de »)

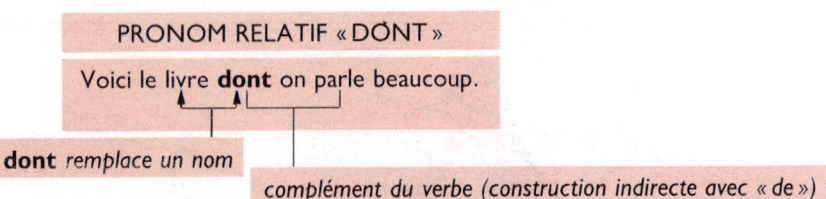

2 **Complétez les exemples suivants sur le modèle de l'exercice 1 :**
– Le chevalier se consacre à une femme. Il est amoureux de cette femme...
        ■ ? → ■   [■] [**dont** ■]

– Les seigneurs organisent souvent des tournois. Les chevaliers raffolent de ces tournois.
■ ? → ■ [■] [**dont** ■]

3 **Complétez les phrases par DONT ou QUE :**
1. Voici les livres ■ vous devez lire pour préparer votre exposé.
2. Nous empruntons à la banque l'argent ■ nous avons besoin.
3. Fais attention au chien ■ tu t'approches : il est dangereux !
4. Ma sœur ne va jamais voir les films ■ elle n'aime pas.
5. Il ne retrouve pas la guitare ■ il s'accompagne.
6. Vous ne connaissez pas « La Corne d'abondance » ?
   C'est une émission de télé ■ on parle beaucoup.
7. La lance est une arme ■ les chevaliers se servaient pendant les tournois.

PORTANT...

★ Un chevalier **portant** son armure

4 **Observez les exemples : à quoi servent les mots en gras ?**
– Le chevalier a un écu **portant** ses armes → ... un écu qui porte ses armes
– Une pièce **servant** de salle à manger... → une pièce qui sert de salle à manger
– Il a reçu une tirelire **contenant** 200 F → Il a reçu une tirelire qui contient 200 F
– Au marché, j'ai vu des fromages **pesant** 10 kilos ! → ... des fromages qui pèsent 10 kilos
– Les élèves **sortant** à 15 heures peuvent rentrer chez eux ! → Les élèves qui sortent...

contenant, portant, pesant, finissant
sont des PARTICIPES PRÉSENTS

INFINITIF	FORMATION DU PARTICIPE PRÉSENT
serv ir	serv + **ant**
port er	port + **ant**
conten ir	conten + **ant**
pes er	pes + **ant**
sort ir	sort + **ant**

• Le participe présent est invariable
• Il remplace « qui + verbe »

5 **Transformez les phrases suivantes pour utiliser un participe présent :**

Exemple : *Les touristes qui arrivent à Roissy peuvent prendre Roissy-Rail.*
   → *Les touristes arrivant à Roissy peuvent prendre Roissy-Rail.*
1. Les voyageurs qui vont à Lyon s'arrêtent à Dijon.
2. Prenez les sacs qui contiennent de l'argent et portez-les au secrétariat !
3. Les tableaux qui décorent ce mur sont très beaux.
4. Il y a trop de bruit dans la chambre qui donne sur la rue.
5. Les autobus qui partent à l'heure sont rares ici.

IL VIENT DE TOMBER – NOUS VENONS D'ARRIVER

★ Un homme **vient de** tomber.

6 **Observez ces exemples : à quel temps est l'action dans les phrases soulignées ?**
– Tu as faim ? – Non, je viens de manger.
– Vous êtes déjà là ? – Oui, je viens d'arriver.

- Je peux parler à Nicolas ? - Oh ! vous n'avez pas de chance : <u>il vient de partir</u> !
- Quel âge a votre fille ? - <u>Clotilde vient d'avoir</u> treize ans.

LE PASSÉ RÉCENT
VENIR DE au présent + VERBE à l'infinitif

> Devant une voyelle ou « h » :
> **de → d'**

7 **Mettez les verbes au passé récent :**
Je ■ un excellent gâteau *(manger)*   Nous ■ *(rentrer)*
Tu ■ ton train *(rater)*   Vous ■ une erreur *(faire)*
Il/elle ■ un taxi *(appeler)*   Ils/elles ■ un appartement *(acheter)*

8 **Passé récent ou passé composé ? Choisissez le temps qui convient :**
1. Hier, je *(rencontrer)* Patrick Leroy au restaurant.
2. Vous *(entendre)* ce que *(dire)* le prof ce matin ?
3. Vous *(voir)* le journal télévisé de 20 heures et nous vous proposons maintenant une émission de variétés : « Idoles d'hier et d'aujourd'hui ».
4. Tu *(oublier)* d'appeler Loïc ? - Je *(téléphoner)* chez lui, mais ça ne répond pas !
5. Il *(commencer)* des études de piano. - À quinze ans ?

★

• *Quand il tombe de cheval...*

★ **Quand** il tombe de cheval, il est incapable de se relever seul !

9 **Choisissez une phrase dans chaque colonne et reliez-les par QUAND : soyez logique !**

1. Je mange à la cantine du collège   a. C'était la famine dans la région
2. Vous entendrez frapper à la porte   b. Ils avaient un chagrin d'amour
3. On dépense tout son argent   c. Ma mère travaille dans la journée
4. L'hiver était trop long   d. On ne peut pas faire d'économies
5. Regardez vos pieds   e. Vous descendez cet escalier
6. Les chevaliers s'habillaient de noir   f. Vous ouvrirez

Jeux de mots
Faites des phrases avec les mots de la colonne « Découvrez »

Vous connaissez :	Découvrez :	
aimer quelqu'un/quelque chose	un <u>amour</u>	- *Un amour de chien*
	<u>amoureux</u> (-euse)	- *Le chevalier Lancelot est amoureux de Mélisande*
un cheval	un <u>chevalier</u>	- *Le chevalier monte à cheval.*
la guerre	un <u>guerrier</u>	- *Les chevaliers sont des guerriers.*
une langue	un <u>langage</u>	- *Le langage des fleurs*
		- *le langage des couleurs*
se lever	se <u>relever</u>	- *Il est tombé : il se relève.*
répondre	une <u>réponse</u>	- *J'attends une réponse à cette question.*

Pense-bête

- Tu exagères : tu n'es jamais à l'heure !
- Ce n'est pas de ma faute :
 j'ai eu des ennuis avec ma voiture !
★
- Vous ne pouvez pas faire attention ?
- Oh pardon ! je ne l'ai pas fait exprès !

- Tu ne m'aimes pas !
- Mais si, mais si, voyons !
★
- Aïe ! mes pieds ! - Oh pardon !
★
- Vous faites trop de bruit ! - Excusez-moi !

FACE N°4 Unité 2

Test
À quelle liberté tenez-vous le plus ?

Révisez le pronom relatif « que » (p. 95)
le participe présent (p. 101)
quand (p. 102)
chaque (p. 69)

[pl] la **pl**uie	[bl] un **bl**ouson	[pR] un **pr**ix	[bR] un **br**as

À la station de taxis
- Hep ! taxi ! Vous êtes libre ?
- Non, j'ai fini !
- Mais il pleut et j'ai un train à prendre gare Saint-Lazare !
- Impossible : je rentre ! Prenez le métro !
- Avec mes valises ? Quelle poisse ! Oh ! taxi ! taxi !
- Qui est le premier ?
- C'est moi !
- Non, c'est moi, monsieur, quel toupet ! Place des Vosges, s'il vous plaît : je suis très pressée !
- Avec cette pluie, ça roule mal, je vous préviens.

[pl]	**pl** la **pl**uie	**ppl** a**ppl**audir
[pR]	**pr** un **pr**ix re**pr**endre	**ppr** a**ppr**endre

LES AUTRES OPINIONS... QUELQUES INDICATIONS... CHAQUE QUESTION

★ Vous écoutez les **autres** opinions
★ Vous préférez recevoir **quelques** indications générales
★ Pour **chaque** question...

autre, quelque, chaque = ADJECTIFS INDÉFINIS

1 Observez les exemples suivants : comment s'accordent les adjectifs indéfinis ?

quelque   Vous voulez **quelque** chose ?
Quelques grandes villes ont plus de 80 000 habitants.

tout   Ne prêtez pas **tout** votre argent.
Et **toute** cette eau sale part pour un grand voyage.
Tous les gens nous regardaient.
Les Mousquetaires existent dans **toutes** les grandes armées.

autre   Un **autre** chevalier prend sa place.
Une **autre** fois, vous viendrez avec votre livre !
J'ai découvert d'**autres** chanteurs anglo-saxons.

même   Dans le **même** bateau...
On n'est plus sur la **même** longueur d'ondes.
Vous avez toujours les **mêmes** ami(e)s.
Ils parlent d'une **même** voix.

L'ADJECTIF INDÉFINI S'ACCORDE AVEC LE NOM

chaque / **plusieurs** : invariables

2 Et dans les cas suivants : comment s'accordent les adjectifs indéfinis ?

chaque   **Chaque** jour de 11 heures à 17 heures
            Chaque année, 100 000 curieux se promènent en barque.

plusieurs   Les tournois peuvent durer **plusieurs** jours.
            Nous parlons **plusieurs** langues étrangères.

3 Complétez les phrases avec un des adjectifs indéfinis suivants :
autre - chaque - quelque - plusieurs - tout
1. ■ les matins, je me lève à 7 heures.
2. ■ enfant a sa chambre.
3. Nous avons reçu ■ lettres de France.
4. Lise a acheté ■ magazines avant de prendre le train.
5. Vous restez ■ temps à Paris ? – Oui, ■ jours !
6. Nous voulons vous poser ■ questions.
7. Martine est là ? – Non, elle est sortie. – Alors, je reviendrai une ■ fois.

EN RÂLANT

★ Vous restez **en râlant**.
★ Pas d'affolo, m'a-t-il dit **en mâchouillant**, j'ai ce qu'il te faut.
★ Qu'est-ce qu'on a fait ? a bafouillé Alexandre **en cognant** dans la porte.

en râlant, en mâchouillant, en cognant = GÉRONDIF

4 Observez les exemples précédents : comment est formé le gérondif ?

GÉRONDIF = EN + PARTICIPE PRÉSENT

5 Observez ces exemples : à quoi sert le gérondif ?
– Vous restez **en râlant** → <u>vous</u> restez et <u>vous</u> râlez
– Pas d'affolo, m'a-t-il dit **en mâchouillant** → pas d'affolo, m'a-t-<u>il</u> dit et <u>il</u> mâchouillait
– ... a bafouillé Alexandre **en cognant** → <u>Alexandre</u> a bafouillé et <u>Alexandre</u> a cogné dans la porte.
– **En sortant**, fermez la porte → <u>fermez</u> la porte <u>quand vous sortez</u>.

6 Transformez les phrases en utilisant un gérondif :
1. Réunissez les phrases suivantes et utilisez un gérondif.
2. Répondez à ce questionnaire et cochez les cases.

3. Ne parlez pas et ne mangez pas en même temps : c'est dangereux !
4. Faites attention quand vous traversez la rue.
5. Il écoute toujours la radio et il lit un livre.

7 **Transformez les phrases en utilisant un gérondif (quand cela est possible) :**
1. Amandine écoute toujours la radio quand elle dîne.
2. Dites à Roger de faire attention quand il roule la nuit.
3. Mon père lit toujours son journal quand ma mère prépare le repas.
4. Nous nous endormons toujours quand nous regardons la télévision !
5. Les Parisiens sont très malheureux quand le métro est en grève.

8 Dites ce que vous faites :
en dormant - en marchant - en jouant - en travaillant - en parlant.

★

- *Bien ≠ mal*

Dire du bien de quelqu'un	Dire du mal de quelqu'un
Cela me fait du bien	Faire du mal à quelqu'un
Ça commence bien	Ça commence mal
	Avoir mal à...
Tu as bien fait	Tu as mal fait !
C'est bien fait ! Bien fait pour lui !	
Eh bien !	

9 **Faites des phrases utilisant cinq de ces expressions**

★ Quand une cause vous tient à cœur, vous **en** parlez autour de vous.

Pense-bête

– Vous vous moquez de moi ! Ici, c'est une librairie, pas une bibliothèque.

★

– Tu n'as pas honte !
– Ce n'est pas moi, c'est lui !

★

– Vous n'avez pas le droit de dire ça !
– Je ne vois pas pourquoi !

★

– Quel toupet !

FACE N°4
Unité 3

Enquête
Le cinéma : passe-temps ou passion ?

Révisez le passé composé (p. 85)
les pronoms relatifs « qui » (p. 88), « que » (p. 95)
c'est ce... que/c'est ce... qui (p. 98)
les pourcentages (p. 134)

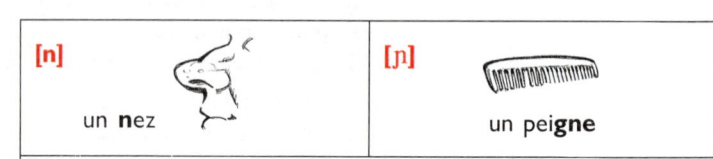

[n] un **n**ez	[ɲ] un pei**gne**

À la pharmacie
- Oh ! monsieur, vous saignez du nez !
  Qu'est-ce qui vous est arrivé ?
- Je me suis cogné dans une porte !
- Asseyez-vous ici... et mettez la tête bien en arrière.
  Ne craignez rien... je vais vous donner quelque chose...
- Ah ! merci ! Ça va mieux ! Je vais essayer de rentrer en bus.
- La ligne du 39 passe par l'avenue Niel, c'est à deux pas.
- Je vous dois combien ?
- Oh ! mais rien !
- Vraiment ? C'est très aimable à vous ! Encore merci !

[ɲ]	**gn** un pei**gne**

EN...
★ Quand une cause vous tient à cœur, vous **en** parlez autour de vous.

1   **Observez les exemples suivants : que remplace EN ?**
- Tu viens <u>de la piscine</u> ? – Oui, j'**en** viens.
- Tu t'occupes <u>du déjeuner</u> ? – Oui, je m'**en** occupe tout de suite !
- Vous aurez besoin de votre voiture demain ? – Bien sûr, j'**en** aurai besoin
  pour aller au bureau !
- Vous parlez tout le temps <u>de ces problèmes</u> ! – Eh bien oui, j'**en** parle tout le temps :
  ça vous ennuie ?

MAIS :
Vous avez besoin <u>de votre sœur</u> ? – Oui, j'ai besoin **d'elle**.

PRONOM « EN »	
(construction indirecte : après « de »)	
Tu viens **de la piscine**.	Tu **en** viens.
Tu t'occupes **du déjeuner** ?	Tu t'**en** occupes ?

de + un nom de personne
→ de moi, de toi, de lui/d'elle,
de nous, de vous, d'eux/d'elles

2   Transformez les phrases pour éviter les répétitions :
1. Ils vont au cinéma ? – Non, ils reviennent du cinéma à l'instant !
2. Marc ne s'occupe pas beaucoup de son chien ! – Faux ! Il s'occupe beaucoup de son chien.
3. Frédéric parle beaucoup de Stéphanie... il parle de Stéphanie avec passion !
4. Tu t'intéresses à l'écologie ? – Je m'intéresse beaucoup à l'écologie.
5. Vous restez dans votre chambre ? – Oui, je reste dans ma chambre et je sortirai de ma chambre quand je voudrai !

3   EN ou EN ? **Dans les phrases suivantes, repérez EN pronom :**
1. Vous vous en allez déjà ? – Oui, je suis venu en autobus et je dois rentrer.
2. Les châteaux forts étaient construits en pierre.
3. En passant devant la boulangerie, j'ai pensé à acheter du pain.
4. Grégoire ne fait pas très attention à sa tenue. – Il s'en moque complètement.
5. Quand on ne le croit pas, il se met en colère.

LE CINÉMA, C'EST LE TICKET QUE L'ON CONSERVE...

★ Le cinéma, **c'est** le film **que** l'on raconte.
★ Le cinéma, **c'est** le ticket **que** l'on conserve...
★ **C'est** toi **qui** l'as piqué ?

4   **Observez ces exemples : pourquoi utilise-t-on** C'EST... QUE, C'EST... QUI **?**

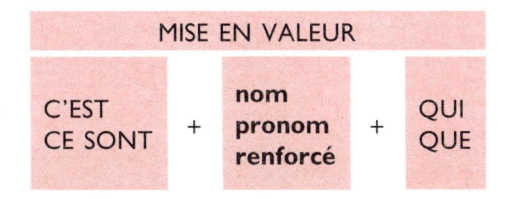

MISE EN VALEUR		
C'EST CE SONT	+ nom pronom renforcé +	QUI QUE

5   **Observez les exemples suivants :**
– Tu as eu tort de l'emmener ! – Mais **c'est** lui **qui** a insisté !
– Pardon ! **C'est** nous **qui** sommes en retard !
– Regarde sur cette carte : en gras, **ce sont** les villes **qui** ont plus de 50 000 habitants.

C'EST/CE SONT... QUI   Mise en valeur d'un nom (ou d'un pronom) sujet

– **C'est** le film **que** tu préfères, mais ce n'est pas une raison pour le revoir six fois !
– **C'est** elle **que** j'aime !
– Et ces mots soulignés : qu'est-ce que c'est ? – **Ce sont** les mots **que** je ne comprends pas.

C'EST/CE SONT... QUE   Mise en valeur d'un nom (ou d'un pronom) complément

6   **Mettez le nom (ou le pronom) en valeur :**
Exemple : Nous préférons cette saison. → C'est la saison que nous préférons.
1. Mes copains m'ont invité au ciné.
2. Mon père et moi, nous faisons les courses, le dimanche.
3. Les élèves de 5e étudient la période du Moyen Âge en classe.
4. Tu paies le déjeuner aujourd'hui !
5. Verlaine est mon poète préféré.

7 Décrivez trois objets ou personnes qui ont de l'importance pour vous en utilisant
« C'EST/CE SONT... QUI/QUE ».

EN TRAIN DE...

★ Quand je suis **en train de** regarder un film...

8 **Observez les exemples suivants : à quel temps sont les phrases ?**
– **Vous êtes en train de** manger ? Je ne veux pas vous déranger.
– Mon père ne peut pas répondre au téléphone : **il est en train de faire** la vaisselle.
– Qu'est-ce que tu fais ? – **Je suis en train d'apprendre** mes leçons.

PRÉSENT CONTINU
« ÊTRE EN TRAIN DE » + VERBE à l'infinitif

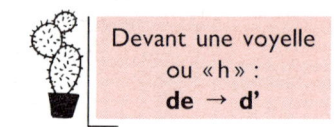

Devant une voyelle ou « h » :
de → d'

9 **Recopiez et complétez le tableau suivant :**
Je ■ regarder un film   Nous sommes en train de lire
Tu es en train de prendre un bain ?   Vous ■ manger
Il/elle ■ faire la vaisselle   Ils/elles sont en train de dormir

« j'ai quitté Paris à 8 heures » <u>passé composé</u>

« maintenant je suis à la maison » <u>présent</u>

« je serai demain à Lisbonne » <u>futur</u>

<u>passé récent</u> « je viens d'arriver »

« je suis en train de déjeuner » →

« je vais repartir ce soir » <u>futur proche</u>

→ Temps

présent continu

10 Regardez autour de vous dans la classe : décrivez ce que vous êtes en train de faire et ce que les autres sont en train de faire.

★

11 **Faites des phrases avec les expressions suivantes :**
Pour moi, ce qui compte avant tout... c'est...   Je m'évade
J'ai envie de/je n'ai plus envie de...   Je te conseille de...

12 **Voici les verbes que les jeunes Français utilisent pour parler du cinéma : et vous, quels verbes choisissez-vous ? Pourquoi ?**

Rêver/imaginer   Voyager/découvrir   S'émerveiller/*planer*
Se distraire/se détendre Se défouler/*s'éclater*   Vibrer/frissonner
Sortir/se retrouver   Oublier/s'évader   Réfléchir/apprendre
Rigoler/pleurer   Raconter/partager   Grignoter...

Pense-bête

– Ne t'inquiète pas ! Ce n'est pas grave !   – Pas d'affolo : j'ai ce qu'il vous faut !
– Ça va s'arranger !   – Ne vous faites pas de soucis !
– Je vais m'occuper de ça.   – Ce n'est rien !

BILANS DES NUMÉROS 3 ET 4

1   **Complétez les phrases suivantes par** QUI, QUE **ou** DONT :
1. C'est mon père ■ m'a offert ce vélo.
2. Qui est-ce ? - C'est la fille ■ je t'ai parlé : elle habite dans mon immeuble.
3. Ce ■ me plaît dans cette histoire, c'est la fin.
4. Mais qu'est-ce ■ vous voulez, enfin ? - Ce ■ je veux ? Mais la vérité, toute la vérité !

2   **Transformez les phrases pour utiliser un gérondif lorsque c'est possible :**
1. Il parle et il mange : c'est dangereux !
2. Je vous parle et vous ne m'écoutez pas.
3. Vous gagnez du temps, quand vous prenez le métro pour aller au collège.
4. Mes parents ont fait une bonne affaire quand ils ont construit leur maison dans cette banlieue.
5. Qu'est-ce qui se passe ? - Un camion transportait une tonne de vaisselle et il a eu un accident !

3   **Que font-ils ? Écrivez une légende pour chaque dessin en utilisant le présent continu.**

– Qu'est-ce que...

– Nous...

4   **Mettez les verbes entre parenthèses au passé récent :**
1. Elle dort. Elle *(se coucher)*.
2. Je vous ai téléphoné à 17 heures. Personne n'a répondu. - Oui, nous *(sortir)*.
3. Attention, ne touchez pas aux murs : on *(repeindre)* l'appartement !
4. Allô, je *(recevoir)* les résultats du labo et je voudrais un rendez-vous avec le docteur Delage.

5   **Observez le tableau et comparez en utilisant** LE PLUS... **ou** LE MOINS... :

Pays	Nombre de jours de classe par an	Nombre d'heures de classe par an
France	175	950
Belgique	180	1 107
Grande-Bretagne	195	952
Danemark, Pays-Bas, Allemagne	200	1 000
Italie	215	1 075
Espagne	220	1 100

D'après *Le Nouvel Observateur*.

6   **Complétez par l'un des adjectifs indéfinis suivants. Accordez :**
autre - chaque - même - plusieurs - tout

1. ■ mes amis sont venus pour mon anniversaire ! — Vous avez toujours les ■ amis ! - Et alors ? On ne change pas d'amis ■ année.
2. Une ■ fois, je ne l'inviterai pas !
3. Avez-vous ■ vos informations pour votre exposé ? - Oui, nous avons trouvé ■ livres sur le sujet.

FACE N°5
Unité I

Reportage
Le camp de l'Espace

Révisez les pronoms relatifs « qui » et « que » (p. 88 et p. 95)
  le participe passé (p. 91)
  les grands nombres (p. 135)
  les couleurs (p. 131)

Repérez Cannes sur la carte de France (p. 130)

[ã] une orange	[an] une banane

Courrier
– Jean, tu as vu : on a reçu une lettre d'Annie.
– Oui, elle nous invite chez elle, à Cannes.
– Quand ça ?
– Le dimanche 30 : il y aura toute sa bande de copains !
  Ça promet de l'ambiance !
– Attends, tu as aussi une carte de tante Viviane,
  pour ton anniversaire.
– Une carte et… rien d'autre ?
– Euh ! non ! Tu t'attendais à quoi au juste ?

[an]	**an** une b**an**ane	**ann** une **ann**ée

CELUI, CE, CELA, ÇA…

★ Le vrai public, c'est **celui** qui se laisse faire.
★ Mais **cela** ne vous ira pas, mon petit.
★ La musique, **ça** a commencé quand j'étais petit.

1 **Observez les exemples suivants : à quoi servent les mots en gras ?**
– Le vrai public, c'est **le public** qui se laisse faire.
  → **celui** qui se laisse faire
– J'aime les films de Frank Capra et les **films** de Truffaut
  → et **ceux** de Truffaut

PRONOMS DÉMONSTRATIFS		
	masculin	féminin
singulier	celui	celle
pluriel	ceux	celles

2 **Transformez les phrases pour éviter les répétitions :**
1. Quel livre veux-tu ? – Je veux le livre que tu lis.
2. Quelle robe préférez-vous ? – La robe qui est sur le présentoir.
3. Je regarde ma mallette ? – Quelle mallette ? – La mallette que j'ai reçue pendant mon stage.
4. Quels films préférez-vous ? – Les films qui parlent de la Nature.
5. Vous avez les photos ? – Les photos des vacances ? – Oui ! – Je les ai !

3 **Observez les exemples suivants : que remplacent CE, CELA, ÇA ?**
Quand emploie-t-on CELA et ÇA ?
- Mais **cela** ne vous ira pas, mon petit.
- La musique, **ça** a commencé quand j'étais petit.
- **C'**est trop court.

PRONOMS DÉMONSTRATIFS	
indéfinis	ceci cela - ça ce - c'

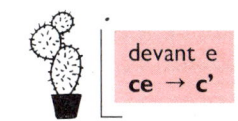

devant e
ce → c'

4 **Repérez le pronom démonstratif dans les expressions suivantes :**
1. C'est fini !
2. Est-ce que tu es d'accord ?
3. Ça ne fait rien !
4. Cela me plaît beaucoup.
5. Qu'est-ce que c'est ?
6. Dis-moi ce que tu veux !

SÉVERINE TROUVE QUE...

- Sa copine Séverine, elle, **trouve que** tout ça a « un goût de pharmacie ».

5 **Observez les exemples suivants : combien de verbes dans chaque exemple ?**
À quels temps sont ces verbes ?
- Vous croyez que je n'ai pas vu votre petit manège.
- Vous pensez qu'il faut agir même seul(e).
- Je savais que cela voulait dire : « plus de travail ».
- Le drapeau à l'entrée indique que le Président n'est pas en voyage à l'étranger.
- Il dit qu'elles sont rentrées en métro.

Vous croyez	que	je n'ai pas vu votre petit manège
Vous pensez	qu'	il faut agir même seul(e)
Je savais	que	cela voulait dire : « plus de travail »
Le drapeau à l'entrée indique	que	le Président n'est pas en voyage à l'étranger
Il dit	qu'	elles sont rentrées en métro

A
croire
penser
savoir
indiquer
dire
annoncer

B
QUE + **verbe à l'indicatif**

devant une voyelle
ou « h » :
que → qu'

6 **Racontez ce qu'ils disent, pensent... :**
Exemple : Je dis : « Il exagère ! » → Je dis qu'il exagère.

1. Nous disons : « Vous avez tort. »
2. Tous les participants pensent : « Le stage est trop court. »
3. Ce panneau indique : « Il est défendu de fumer ici. »
4. Le professeur annonce : « Les cours finissent à 15 heures aujourd'hui. »
5. « C'est drôle de travailler la tête en bas », déclarent les Spatiens.

7   À vous de : dire, annoncer, penser, croire que...

★ Des plats spécialement cuisinés **pour que les Spatiens n'oublient pas**...

★

Jeux de mots
Essayez de faire d'autres phrases avec les mots de la colonne « Découvrez »

Vous connaissez :	Découvrez :	
camper	un <u>camp</u>	– La balle est maintenant dans votre camp.
une cuisine	<u>cuisiner</u>	– Je ne sais pas cuisiner, alors je mange au restaurant.
essayer quelque chose	un <u>essay</u>age	– Pour un mannequin, les essayages font partie du travail.
un stage	un/une <u>stag</u>iaire	– Il y a trois stagiaires français dans mon groupe.

Pense-bête

– Tu es libre samedi ? J'organise une petite boum entre copains.
– Avec plaisir ! À samedi !

★

– Est-ce que je peux vous inviter à dîner ?
– C'est très gentil : j'accepte avec plaisir.

★

– Tu as le temps d'aller au ciné ce soir ?
– Non, je regrette, je suis prise.

★

– Merci pour cette excellente soirée !

★

– C'était super !

★

– Encore merci pour ce délicieux dîner !

Vie pratique
Gardez la forme !

Révisez : le pronom relatif « qui » (p. 88)
que + subordonnée (p. 111)
« si… » (p. 99)
adjectifs indéfinis (p. 103)
le gérondif (p. 104)
c'est/ce sont (p. 107)
les pronoms démonstratifs (p. 110)

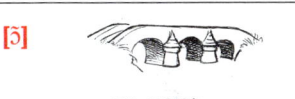

[õ]	[on]
un p**on**t	une m**onn**aie

Dans une charcuterie
- C'est à qui le tour ?
- À moi : je voudrais une tranche de jambon… du blanc ! Et mettez-moi 50 g de saucisson !
- Ça vous fait 11 francs. Et avec ça ?
- Les rillettes sont bonnes ?
- Excellentes, vous pouvez y aller !
- Alors 100 g de rillettes…
- Ce sera tout ? 42 F… Vous n'avez pas de monnaie ?
- Eh ! non !
- Bon, on fera avec !… Le bonjour à votre dame.
- Merci. Au revoir !

| [on] | **on** le téléphone | **onn** une monnaie |

SPÉCIALEMENT

★ Des plats cuisinés **spécialement**.
★ Vos cheveux poussent plus **rapidement**.
★ Ceux qui utilisent **également** les deux côtés du corps.
★ Mais si vous ne vous sentez pas **vraiment** en forme.

1 Observez les exemples suivants : à quoi servent les mots en gras ? Comment s'accordent-ils ? Comment sont-ils formés ?
★ Vos cheveux poussent plus **rapidement**
★ **Heureusement**, un jeune vendeur s'est approché…
★ Ça m'énerve **terriblement**.
★ J'espère **seulement** qu'ils vont tous aimer cette histoire.
★ C'est le ticket que l'on conserve **précieusement**
★ **Certainement pas**
★ Ceux qui utilisent **également** les deux côtés du corps

heureuse	+ **ment**	heureusement
terrible	+ **ment**	terriblement
directe	+ **ment**	directement
seule	+ **ment**	seulement
précieuse	+ **ment**	précieusement
certaine	+ **ment**	certainement
égale	+ **ment**	également

Cent treize

ADVERBE EN «-MENT»
ADJECTIF AU FÉMININ + **MENT**

les adverbes sont invariables

2 **Que remarquez-vous dans les exemples suivants ?**
★ Mais si vous ne vous sentez pas **vraiment** en forme
★ Les périodes où j'étudie **vraiment**

vrai + ment → vraiment

3 **Complétez les phrases par l'adverbe qui convient :**
1. Qu'est-ce que vous faites après le ciné ? – Nous rentrons *(tranquille)* chez nous.
2. Les délégués ont rempli *(plein)* leur mission.
3. Emmanuel a discuté *(long)* au téléphone avec un client.
4. Parlez *(doux)*, les enfants dorment !
5. Elles parlent *(ouvert)* de leurs difficultés.
6. Cette annonce s'adresse *(unique)* aux moins de 16 ans.
7. La rue était *(faible)* éclairée.
8. Ils ont été punis *(sévère)*.
9. Par ce froid, nous devons nous habiller *(chaud)*.
10. C'est *(précis)* ce qu'on vous demande de faire !

4 **Modifiez les phrases en utilisant l'un des adverbes de la liste suivante :**
follement - immédiatement - prochainement - sûrement - vraiment

1. Rentrez !
2. Vous voulez venir avec nous ?
3. Il l'aime ? – Et comment ! Il est amoureux d'elle !
4. Nous allons à Bruxelles. – Voulez-vous commander vos billets maintenant ?
5. Asseyez-vous : vous avez faim !

QUE... (suite)

★ Il faut **que vous dormiez** huit à neuf heures par nuit.

5 **Observez les exemples suivants : les verbes de la 3ᵉ colonne sont-ils au présent de l'indicatif ? Quels verbes trouvez-vous dans la 1ʳᵉ colonne ?**

Maman veut	que	**je lave** mon pull à la main.
Elle ne veut pas	que	**je mange** du sucre
Il va empêcher	que	**tu parles** trop !
Il faut	qu'	**elle habite** avec nous !
Il faut	que	**vous pensiez** comme moi.
Nous refusons	qu'	**ils pensent** ça de nous !

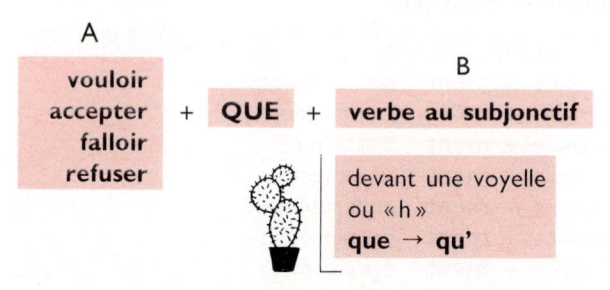

A : vouloir / accepter / falloir / refuser + **QUE** + B : verbe au subjonctif

devant une voyelle ou «h»
que → qu'

6 « Vous voulez que… » : exprimez cinq désirs à l'aide d'une des expressions ci-dessus.

… QUE VOUS DORMIEZ

★ Il faut **que vous dormiez** huit à neuf heures par nuit.
★ Des plats spécialement cuisinés **pour que les Spatiens n'oublient pas…**

7 **Conjuguez le verbe PARLER au subjonctif présent.**

que je parl ■	que nous parl **ions**
que tu parl ■	que vous parl ■
qu'il/elle/on parl ■	qu'ils/elles parl ■

8 **Mettez les verbes entre parenthèses au subjonctif présent :**
1. Nous voulons que Pierre *(annoncer)* lui-même sa décision.
2. Ils refusent que nous les *(aider)*.
3. Il suffit que vous nous *(demander)* ça gentiment !
4. J'accepte que vous *(arriver)* en retard au cours.
5. Tu viens avec nous ? – Non, il faut que je *(terminer)* ce travail pour demain !
6. Il faut qu'ils *(gagner)* eux-mêmes leur argent de poche !
7. Le professeur de français veut que vous *(réviser)* vos leçons.

★

Jeux de mots
Faites des phrases avec les mots de la colonne « Découvrez ».

Vous connaissez :	**Découvrez :**	
grand(e)	grandir (comme « finir »)	– À cet âge, les enfants grandissent très vite.
nager dans	la natation	– La natation est un sport excellent

Pense-bête

– Que pensez-vous de ce film ? – Je le trouve excellent.
★
– Qu'est-ce que nous devons faire ? – Je ne sais pas.
★
– Cette voiture est bien ? – À mon avis, elle ne vaut rien !
★
– Comment trouvez-vous ma robe ? – Elle est très jolie.
★
– Comment faire pour rentrer ce soir ? – Appelez un taxi !

Rencontre

Avec Jenny Rolland, gymnaste junior

Révisez : le pronom « y » (p. 82)
les adverbes (p. 113)
le subjonctif (p. 115)
les mesures (p. 134)
les nombres ordinaux (p. 134)

Repérez : Nantes sur la carte de France (p. 130)

[ɛ]	[ɛn]
le pain	une reine

Avant de prendre le train
- Ne traîne pas : on va rater le train !
- Des trains pour Saint-Germain,
 il y en a toutes les heures !
- Ce n'est pas certain : on est lundi !
- Tu prépares quelques sandwiches ?
- Pas la peine, on en trouvera à la gare !

| [ɛn] | **ène** il mène **eine** la reine **enne** italienne |
| | **aine** une semaine |

CHACUN...

★ Je pense à **chacun** de mes mouvements.

1 Observez les exemples suivants : à quoi servent les mots en gras ?
★ **Tous** pour un, un pour **tous**
★ **Tous** dans le même bateau, **tous** solidaires, mais **chacun** avec son caractère...
★ **Chacun** met la main à la pâte.
★ **Chacun** est ensuite intégré à une équipe de neuf membres.
★ Pour vous, on n'a surtout pas le droit d'empêcher **quelqu'un** de parler.
★ Vous arrivez en vacances : vous ne connaissez **personne**.
★ **Personne** ne se moque des petits cochons.
★ Je n'ai **rien** dit.
★ Alexandre a juré qu'il n'avait **rien** fauché.

Tout/tous, quelqu'un, chacun, personne, rien = PRONOMS INDÉFINIS

2 Complétez les phrases par le pronom indéfini qui convient :
1. N'achète pas ce livre : il ne vaut ■ !
2. Qui avez-vous rencontré ? – Moi, mais je n'ai rencontré ■ !
3. Le matin, nous buvons ■ du lait au petit déjeuner.
4. Les gymnastes de notre équipe sont excellents : ■ a une chance d'être champion de France.
5. Il y a ■ qui vous demande au téléphone.

LE SUBJONCTIF PRÉSENT

★ Il faut **que tu réussisses**

3 **Observez les exemples suivants : quelles sont les terminaisons du subjonctif ?**
1. Il refuse que j'attend**e** dehors.
2. Il faut que tu réuss**isses**.
3. Je veux qu'elle part**e** en métro.
4. Elle ne veut pas que nous mang**ions** trop de sucre.
5. Nous acceptons que vous part**iez** à 8 heures, aujourd'hui.
6. Il faut qu'ils fin**issent** les premiers.

LE SUBJONCTIF PRÉSENT (PARLER - FINIR - PARTIR - ATTENDRE)				
QUE	je tu il/elle/on nous ils/elles	parl finiss part attend	e es e ions iez ent

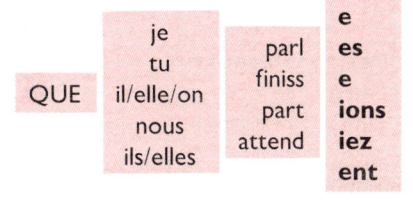

4 **Mettez le verbe entre parenthèses au temps qui convient :**
1. Mes parents pensent que je *(sortir)* trop souvent le soir.
2. Il faut que nous *(choisir)* une spécialité avant la fin de l'année.
3. Nous voulons que vous *(descendre)* les premiers.
4. Vous dites toujours que les choses *(s'arranger)* avec le temps.
   Je pense que vous *(se tromper)*.
5. Le professeur de maths refuse qu'on *(utilise)* une machine à calculer pendant les contrôles.

5 « Il faut que... » : exprimez cinq obligations en utilisant « il faut que... ».

★

• *Il faut s'accrocher...*
   ★ Il est 13 heures 27
   ★ Il fait beau
   ★ Il faut s'accrocher
   ★ Il faut que tu réussisses !

CONSTRUCTIONS IMPERSONNELLES	
Il...	Il pleut – il neige – il gèle
Il y a...	Il y a un livre sur la table
Il fait...	Il fait beau ≠ il fait mauvais – Il fait froid ≠ Il fait chaud Il fait nuit ≠ Il fait jour
Il faut...	Il faut s'accrocher – Il faut que tu t'accroches
Il est...	Il est important que tu arrives à l'heure – il est important d'arriver à l'heure Quelle heure est-il ? – Il est 13 heures 27

Cent dix-sept

6 **Complétez les phrases suivantes avec une expression impersonnelle : soyez logique !**

1. Dépêchez-vous : ■ et le film commence à 18 h.
2. ■ tu fasses attention : on ne voit rien à 50 mètres !
3. ■ : prends un parapluie pour sortir.
4. Dans ma rue, ■ une boulangerie, une boucherie et un supermarché !
5. Que faites quand ■ ? – Je vais me balader avec des copains.

Jeux de mots
Faites des phrases avec les mots de la colonne « Découvrez ».

Vous connaissez :	Découvrez :	
un centre	se concentrer	– Pour réussir un examen, il faut se concentrer.
un réalisateur (de films)	réalisable	– Ce travail est réalisable sans aide.
	réaliser	– Je réalise enfin que je ne suis pas seule au monde !
la gymnastique	un/une gymnaste	– Jenny Rolland est une excellente gymnaste

★ Elle est en 2ᵉ → elle est **en seconde**.

Pense-bête
– Est-ce que tu peux me prêter ton stylo ?
– Tu peux venir ?
– Je souhaite que vous vous dépêchiez !
– Je voudrais tant être à Paris avec toi !
– J'ai envie d'apprendre à conduire
– Nous voudrions une place dans l'avion de ce soir.

Reportage
Vivre au temps des Gaulois

Révisez : l'imparfait (p. 87)
les pronoms relatifs « qui » (p. 88) et « que » (p. 95)
« si » (p. 99)

Repérez : l'époque des Gaulois sur la grille
de l'histoire de France (p. 132)
sur la carte de l'Europe (p. 129),
les pays européens cités dans l'unité

[ks] un taxi	[gz] un exercice

À une station d'autobus
- Xavier ! Ça par exemple ! Qu'est-ce que tu fais rue d'Alésia ? Je te croyais à Aix ?
- Mes parents ont déménagé...
- Ton père est toujours chauffeur de taxi.
- Non, non : il est examinateur... pour le permis de conduire. Excusez-moi, mais je suis pressé... j'ai cours à 8 heures.
- Tu prends le bus ?
- Non, je préfère marcher.
- Tu as raison ! L'exercice, c'est excellent pour la santé ! Ah ! voilà mon bus : pourvu qu'il y ait des places assises !

[ks] **x** un taxi **xc** excellent **cc** accepter

LA GAULE - EN GAULE

★ **La** Gaule est peuplée...
★ Jules César va entrer **en** Gaule.

1 Observez cette liste de pays : quel article trouvez-vous devant le nom ?
Quand utilise-t-on AU, AUX et EN ?

la France	J'habite **en** France.
l' Espagne	Cordoue est **en** Espagne.
le Portugal	Pierre va **au** Portugal pour les vacances.
le Japon	Vous habitez **au** Japon ?
les États-Unis	Tu vas **aux** États-Unis cette année ?
les Pays-Bas	Ils font un voyage **aux** Pays-Bas.

Nom de pays au féminin (avec la terminaison **-e**)	la (l') → **en**	Nom de pays au masculin	le → **au**
		Nom de pays au pluriel	les → **aux**

Cent dix-neuf 119

2 Et pour les villes : quel article trouvez-vous devant le nom ?

Paris   Luc habite **à** Paris.
Rome   Je vais **à** Rome.
Moscou   Il travaille **à** Moscou.

NOM DE VILLE	à + nom de la ville

... QUE LE CIEL TOMBE SUR LA TERRE

★ Les Gaulois craignent **que** le ciel **tombe** sur la terre.

3 Observez les exemples suivants : à quel temps sont les verbes de la 3e colonne ? Quels verbes trouvez-vous dans la 1re colonne ?

Vous avez peur	que	je **sois** fâchée.
Ils redoutent	que	le ciel **tombe** sur la terre.
Je crains	qu'	Isabelle **soit** malade !
Les adultes aiment	que	les adolescents leur **ressemblent**.
Nous regrettons	que	vous **soyez** pris ce soir !
Elle préfère	que	tu **aies** chaud !
Je m'étonne	qu'	vous **alliez** seuls au théâtre !
Je souhaite	que	tu **réussisses** !

A
avoir peur
redouter
craindre
aimer
préférer
s'étonner
souhaiter

B
QUE + **verbe au subjonctif**

devant une voyelle ou « h » :
que → qu'

4 « Vous souhaitez que... » : faites trois vœux en utilisant « JE SOUHAITE QUE... ». Comparez avec votre voisin(e).

5 Regardez les verbes de la 3e colonne : à quel temps sont ces verbes ? Pouvez-vous deviner leur infinitif ?

Tu veux	que	je **sois** heureux !
J'empêcherai	qu'	il **ait** une mauvaise note.
Il faut que	que	vous **soyez** à l'heure.
J'interdis	que	vous **fassiez** du bruit
Nous refusons	qu'	tu **ailles** seule au théâtre !

6 Recopiez et complétez le tableau suivant :

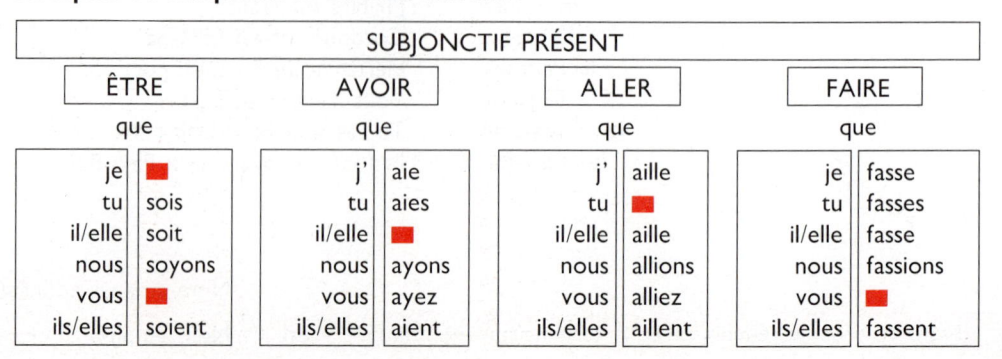

SUBJONCTIF PRÉSENT			
ÊTRE	AVOIR	ALLER	FAIRE
que	que	que	que
je ■	j' aie	j' aille	je fasse
tu sois	tu aies	tu ■	tu fasses
il/elle soit	il/elle ■	il/elle aille	il/elle fasse
nous soyons	nous ayons	nous allions	nous fassions
vous ■	vous ayez	vous alliez	vous ■
ils/elles soient	ils/elles aient	ils/elles aillent	ils/elles fassent

7 Mettez le verbe entre parenthèses au temps qui convient :
1. Nous préférons que vous *(faire)* vos devoirs avant le dîner.
2. Je m'étonne que tu ne *(faire)* aucun effort : si ça continue, tu vas être obligé de redoubler.
3. Je regrette que Sandrine ne jamais *(aller)* à la bibliothèque : elle ne lit presque pas !
4. Pourquoi surveillent-ils la banque ? – Ils craignent qu'elle *(être)* attaquée cette nuit !
5. J'ai peur que vous *(avoir)* trop chaud avec ce manteau : il fait très beau ce matin !
6. Nous, en France, nous aimons que les trains *(être)* à l'heure !
7. Ils aiment que nous *(être)* en avance ! Mais c'est difficile !

... ELLE SERAIT UN TRÈS GRAND PAYS.

★ Si la Gaule n'était pas aussi divisée, **elle serait** un très grand pays.

8 Observez ces phrases au conditionnel : à votre avis, pourquoi utilise-t-on ce temps ?

★ J'**aimerais** bien aller au cinéma.

★ Je **voudrais** un timbre, s'il vous plaît.

★ Si la Gaule n'était pas aussi divisée, **elle serait** un très grand pays.

– Si tu l'aimais, tu **ne parlerais pas** comme ça !

★ **Ce serait** trop bête d'arrêter !

– Tu **devrais** mettre un manteau : il fait froid aujourd'hui !

– Vous **feriez** bien d'écouter : c'est important !

– Tu **pourrais** ralentir ?

9 Trouvez l'infinitif des verbes au conditionnel dans les phrases suivantes, comment est formé le conditionnel ?

1. Je **parlerais** bien avec lui s'il savait le français.
2. Tu **aimerais** faire ça pour moi ?
3. Il **préférerait** partir en vacances en Grèce cette année.
4. Pour me rendre service, vous **demanderiez** ça à votre directeur ? C'est très gentil !
5. S'il était votre fils, vous **chercheriez** à l'aider.

10 Conjuguez le verbe PARLER au conditionnel.

je ■ bien avec lui   nous **parlerions** avec lui...
tu ■ français   vous ■ de vos vacances
il/elle ■ de son livre   ils/elles **parleraient** avec lui...

11 Complétez le tableau suivant et comparez les terminaisons du conditionnel avec celles de l'imparfait : que remarquez-vous ?

IMPARFAIT	
je	parl**ais**
tu	■
il/elle	■
nous	■
vous	■
ils/elles	■

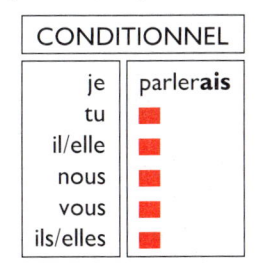

CONDITIONNEL	
je	parler**ais**
tu	■
il/elle	■
nous	■
vous	■
ils/elles	■

🌸 **Jeux de mots**
Faites des phrases avec les mots de la colonne « Découvrez ».

Vous connaissez :	Découvrez :	
se battre	une <u>bataille</u>	– Les batailles entre Gaulois étaient nombreuses
un cheveu	<u>chevelu</u> (-e)	– Les Gaulois chevelus ont donné son nom à la Gaule « chevelue »
cinquante	une <u>cinquantaine</u> de...	– Il y a une cinquantaine d'élèves dans ce cours.
		– C'est un homme d'une cinquantaine d'années
savoir quelque chose	un <u>savant</u> - une <u>savante</u> <u>savant</u> (-e)	– Pasteur était un très grand savant.
		– Les Femmes savantes de Molière
la terre	un <u>territoire</u>	– La Gaule couvrait un territoire plus vaste que la France moderne.

Pense-bête 👓

- Je souhaiterais prendre rendez-vous avec le docteur.
- Pouvez-vous venir à 15 h mercredi prochain ?

★

- J'aimerais rencontrer M. Lannier demain soir.
- C'est impossible, M. Lannier est en voyage.

★

- Nous pouvons avoir un rendez-vous vendredi matin ?
- Oui, je vous propose 10 h 30

- On se retrouve à l'Aquaboulevard mercredi ?
- D'accord !

★

- On va au ciné samedi ? – Si tu veux.

★

- Tu es libre demain ? – Ça dépend pour quoi !

Test

Savez-vous prendre une décision ?

Révisez : les pronoms relatifs « qui » (p. 88) et « que » (p. 95)
le conditionnel (p. 121)
les pronoms démonstratifs (p. 110)
les adjectifs possessifs (p. 94)

🎼 **Groupes de consonnes**

<u>Dans la cour du collège</u>
- C'est extraordinaire : chaque fois que le prof de sciences nat explique quelque chose, je n'y comprends rien !
- C'est que tu n'écoutes pas vraiment ses explications.
- Je n'écoute pas parce que je ne comprends pas.
- C'est une question d'expression, pas de fond !
- Pour moi, c'est exactement la même chose !

👓 **LE VÔTRE**

★ Le bon choix, c'est **le vôtre**

1 Observez les exemples suivants : que remplacent les mots en gras ?
★ Le bon choix, c'est **le vôtre**

- Vous pouvez prendre votre voiture : **la nôtre** est en panne.
- Vous pouvez prêter votre télé aux Dupont ? **La leur** est cassée.
- Nos enfants font du tennis cette année, et **les vôtres** ?

le vôtre, la vôtre, la nôtre, la leur, les vôtres = PRONOMS POSSESSIFS (plusieurs possesseurs)

2 Recopiez et complétez le tableau suivant :

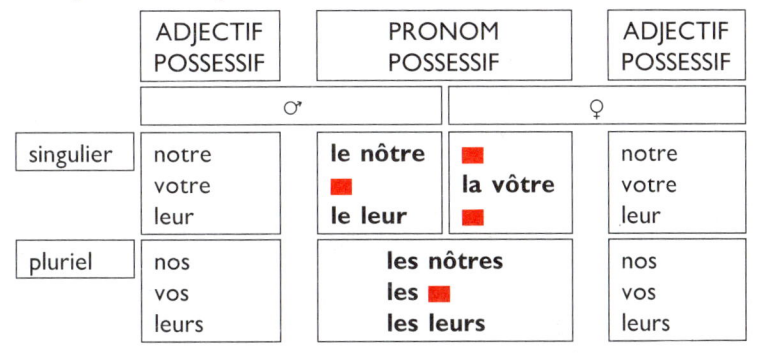

	ADJECTIF POSSESSIF	PRONOM POSSESSIF ♂	PRONOM POSSESSIF ♀	ADJECTIF POSSESSIF
singulier	notre / votre / leur	**le nôtre** / ■ / **le leur**	■ / **la vôtre** / ■	notre / votre / leur
pluriel	nos / vos / leurs	**les nôtres** / **les** ■ / **les leurs**		nos / vos / leurs

3 Transformez les phrases pour éviter les répétitions :
1. Prêtez-leur vos ciseaux : leurs ciseaux sont cassés.
2. Vous avez une voiture japonaise : notre voiture est allemande !
3. Mes parents habitent Orléans et vos parents ? – Ils habitent Tours.
4. Où avez-vous acheté vos chaussures ? Nos chaussures viennent de Prisunic !
   – Et nos chaussures de Monoprix !

LE CONDITIONNEL

- **Vous finiriez** à l'heure si on vous aidait ?
- **J'apprendrais** mes leçons si ça servait à quelque chose !
- Comment ! Vous **partiriez** sans moi !
- Avec un peu d'entraînement, **il battrait** certainement les meilleurs champions en compétition.

4 Observez ces exemples : comment est formé le conditionnel ?

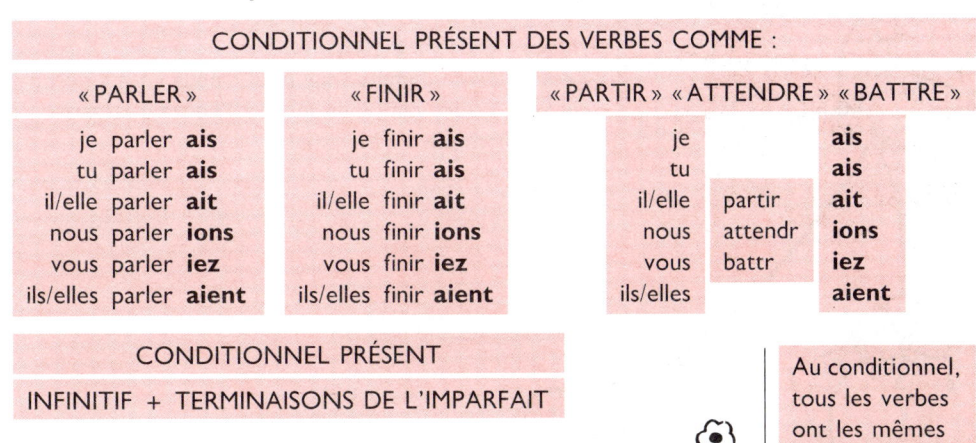

CONDITIONNEL PRÉSENT DES VERBES COMME :

« PARLER »	« FINIR »	« PARTIR » « ATTENDRE » « BATTRE »
je parler **ais**	je finir **ais**	je — **ais**
tu parler **ais**	tu finir **ais**	tu — **ais**
il/elle parler **ait**	il/elle finir **ait**	il/elle partir **ait**
nous parler **ions**	nous finir **ions**	nous attendr **ions**
vous parler **iez**	vous finir **iez**	vous battr **iez**
ils/elles parler **aient**	ils/elles finir **aient**	ils/elles — **aient**

CONDITIONNEL PRÉSENT
INFINITIF + TERMINAISONS DE L'IMPARFAIT

Au conditionnel, tous les verbes ont les mêmes terminaisons.

- *Si vous étiez un animal, vous seriez...*
  - ★ **Si** vous **étiez** un animal, **vous seriez** un singe, un dauphin, un tigre.
  - ★ **Si** la Gaule **n'était** pas aussi divisée, **elle serait** un très grand pays.

	A		B
SI +	VERBE À L'IMPARFAIT	+	VERBE AU CONDITIONNEL

5   Mettez les verbes entre parenthèses au temps qui convient :
1. Si tu *(mettre)* ton manteau pour sortir, tu *(ne pas attraper)* pas froid.
2. Si Catherine *(travailler)* mieux en maths, elle *(avoir)* moins de problèmes aux contrôles !
3. Si je *(aimer)* mon travail, je *(ne pas chercher)* une autre place !
4. Nous *(être)* à vos côtés si nous le *(pouvoir)* !
5. Si tu *(savoir)* bricoler, on *(dépenser)* moins d'argent.

6   SI... Dites ce qui se passerait si... : a) la terre ne tournait plus sur elle-même, b) l'électricité n'existait pas, c) les voitures étaient interdites dans votre ville, etc.

Jeux de mots
Faites des phrases avec les mots de la colonne « Découvrez ».

Vous connaissez :	Découvrez :	
choisir quelqu'un quelque chose	un <u>choix</u>	– Vous avez le choix entre des lentilles et de la purée.
décider quelque chose	une <u>décision</u>	– Il faut que vous preniez une décision aujourd'hui.
se tourner vers...	se <u>retourner</u>	– Ne vous retournez pas tout le temps !
		– Il se retournait dans son lit, sans trouver le sommeil.
faire semblant de...	<u>sembler</u>	– Vous semblez fatiguée ce matin.

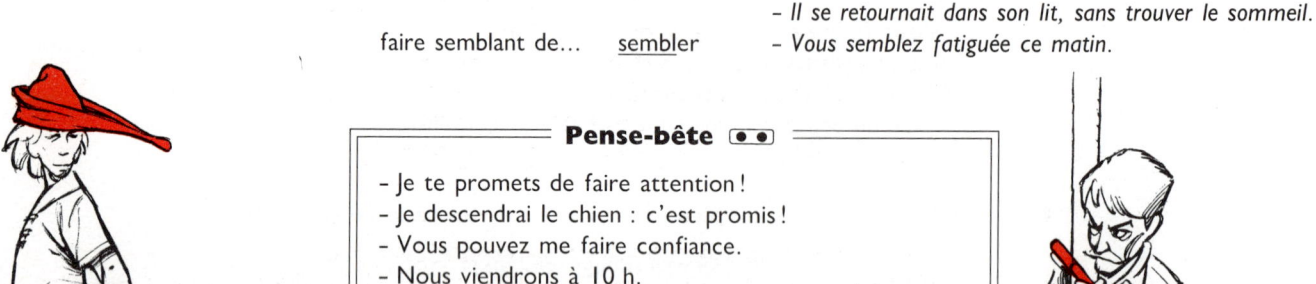

Pense-bête
- Je te promets de faire attention !
- Je descendrai le chien : c'est promis !
- Vous pouvez me faire confiance.
- Nous viendrons à 10 h.
- Vous pouvez compter sur nous : nous vous aiderons !
- Je vous assure que vous serez à l'heure à la gare.
- Je ne dirai rien : c'est juré !

Enquête

Français et immigrés : vivre ensemble ?

Révisez : le conditionnel (p. 121 et p. 123)
les pronoms possessifs (p. 125)
le futur (p. 94)
les grands nombres (p. 134)

LE MIEN, LE TIEN, LE SIEN (suite)

1 **Observez les exemples suivants : que remplace le pronom possessif ?
Combien y a-t-il de possesseurs ? Comment s'accorde le pronom possessif ?**

– C'est ton manteau ? – Non, **le mien** est vert.

– Vous me prêtez vos ciseaux ? **Les miens** sont cassés.

– Comment va ta petite fille ? – Très bien merci ! Et **la tienne** ?

le mien, les miens, la tienne = PRONOMS POSSESSIFS (un seul possesseur)

2 **Recopiez et complétez le tableau suivant :**

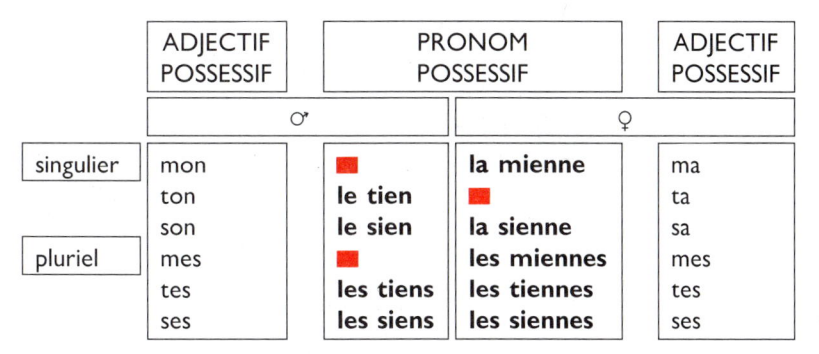

	ADJECTIF POSSESSIF	PRONOM POSSESSIF		ADJECTIF POSSESSIF
		♂	♀	
singulier	mon	■	la mienne	ma
	ton	le tien	■	ta
	son	le sien	la sienne	sa
pluriel	mes	■	les miennes	mes
	tes	les tiens	les tiennes	tes
	ses	les siens	les siennes	ses

3 **Transformez les phrases pour éviter les répétitions :**
1. Ma sœur et ta sœur sont dans la même classe ? – Oui, et elles s'entendent très bien.
2. Attention : ne confondez pas mes chaussures et celles de Frédéric :
   mes chaussures sont noires et ses chaussures, blanches.
3. Tu peux me prêter ta voiture ? Ma voiture est en panne.
4. Mon fils travaille beaucoup à l'école cette année : et ton fils ? – Mon fils aussi !

LE CONDITIONNEL (suite)

★ **Si vous étiez un animal, vous seriez** un singe, un dauphin, un tigre.
★ **Vous auriez** de la monnaie de 500 F ?
★ **Tu irais** en vacances sans eux ? C'est curieux !

4 **Recopiez et complétez le tableau suivant :**

CONDITIONNEL PRÉSENT			
ÊTRE	AVOIR	ALLER	FAIRE
je serais	j' aurais	j' irais	je ferais
tu serais	tu aurais	tu ■	tu ferais
il/elle ■	il/elle aurait	il/elle irait	il/elle ferait
nous serions	nous aurions	nous irions	nous ferions
vous ■	vous ■	vous iriez	vous ■
ils/elles seraient	ils/elles auraient	ils/elles iraient	ils/elles feraient

5 **Dans le tableau ci-dessus, comparez les verbes ÊTRE, AVOIR, ALLER, FAIRE au futur et au conditionnel.**

6 **À l'aide des exemples, complétez le tableau suivant et comparez le conditionnel présent et le futur de ces verbes irréguliers :**

- Je **voudrais** un timbre, s'il vous plaît.
- Vous savez que je **devrais** appeler la police ?
- Nous **pourrions** vous aider.
- Tu **viendrais** avec moi chez le dentiste si tu avais le temps ?
- Vous **sauriez** réparer cette chaise ?

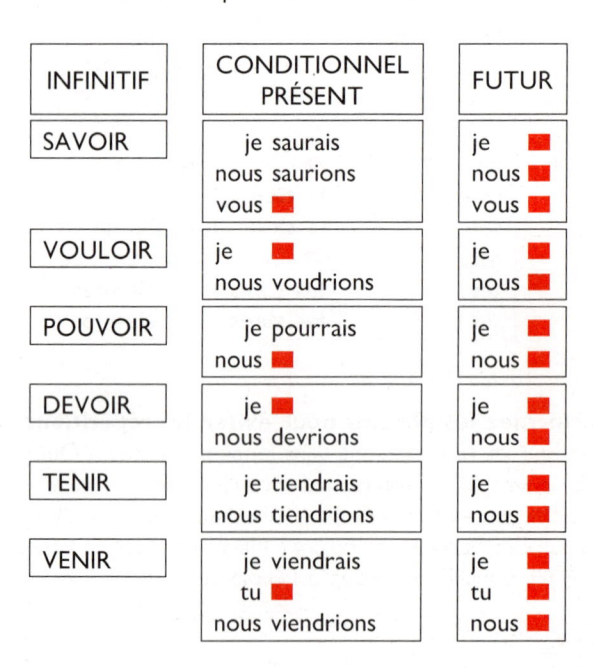

INFINITIF	CONDITIONNEL PRÉSENT	FUTUR
SAVOIR	je saurais nous saurions vous ■	je ■ nous ■ vous ■
VOULOIR	je ■ nous voudrions	je ■ nous ■
POUVOIR	je pourrais nous ■	je ■ nous ■
DEVOIR	je ■ nous devrions	je ■ nous ■
TENIR	je tiendrais nous tiendrions	je ■ nous ■
VENIR	je viendrais tu ■ nous viendrions	je ■ tu ■ nous ■

Au futur
et au conditionnel présent
→ mêmes verbes irréguliers

• *Depuis - Il y a*

- J'habite ici **depuis** deux ans.
- Nous vous attendons **depuis** une heure.
- Ils sont arrivés ici **il y a** deux ans.
- Je suis parti de chez moi **il y a** une heure.

7 Observez ces exemples : quelles différences constatez-vous entre les phrases des deux colonnes ? À quels temps sont les verbes ?

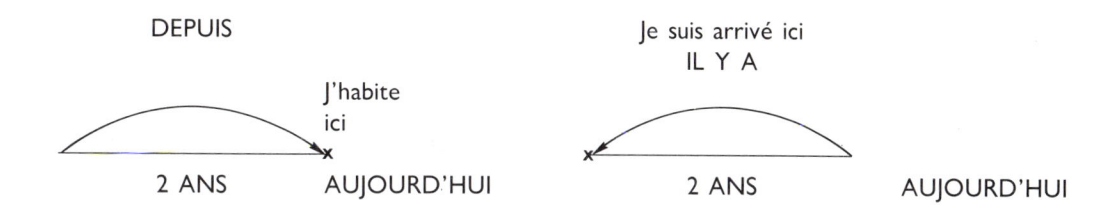

DEPUIS

J'habite ici

2 ANS — AUJOURD'HUI

Je suis arrivé ici
IL Y A

2 ANS — AUJOURD'HUI

8 Racontez ce que vous avez fait « DEPUIS... » et ce qui s'est passé « IL Y A... » : comparez avec votre voisin(e).

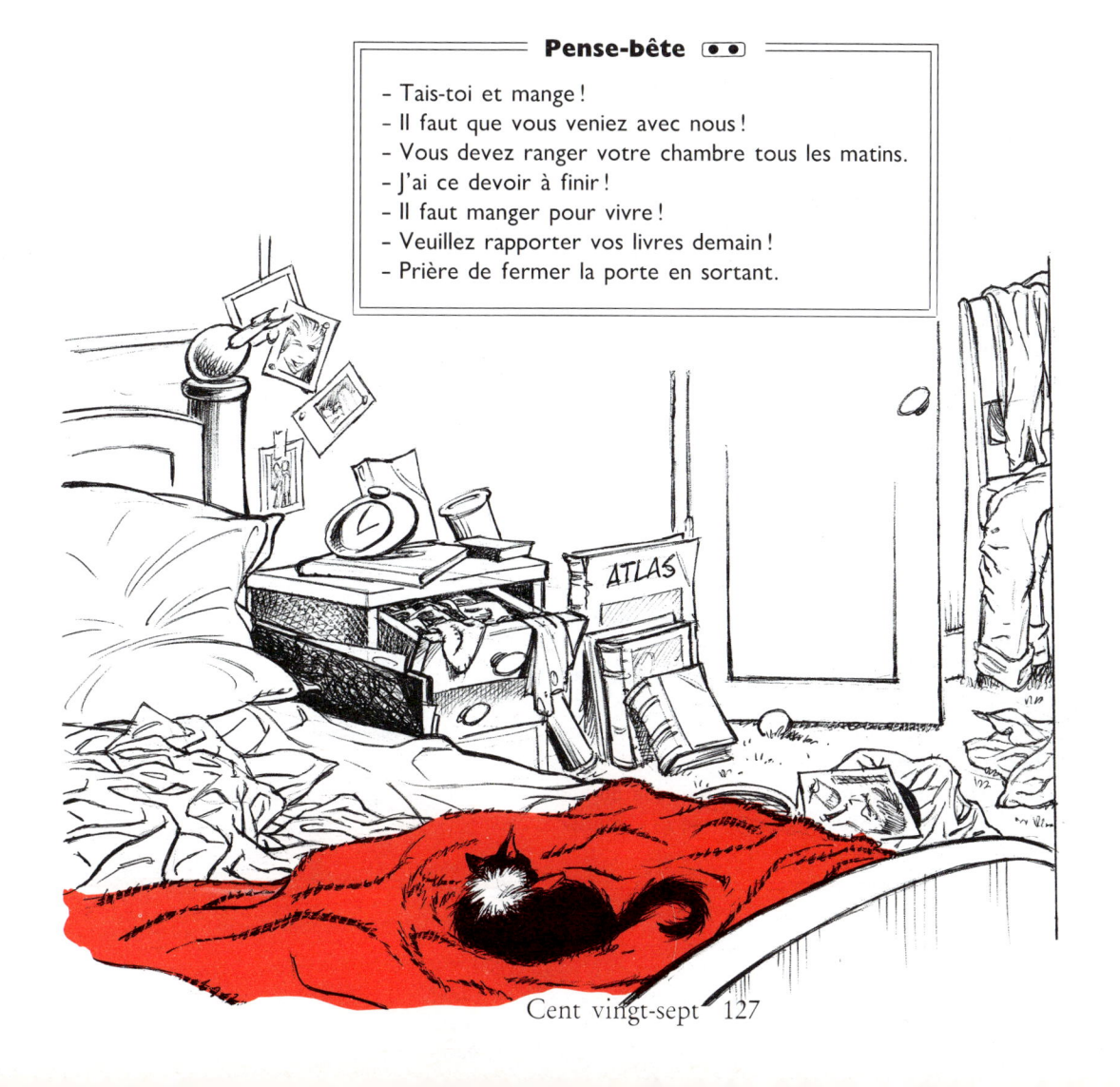

Pense-bête

- Tais-toi et mange !
- Il faut que vous veniez avec nous !
- Vous devez ranger votre chambre tous les matins.
- J'ai ce devoir à finir !
- Il faut manger pour vivre !
- Veuillez rapporter vos livres demain !
- Prière de fermer la porte en sortant.

BILANS DES NUMÉROS 5 ET 6

1 **Complétez les phrases suivantes par le pronom démonstratif qui convient :**
1. Une vraie championne ? C'est ■ qui accepte avec le même sourire le succès… et l'échec !
2. ■ que je ne comprends pas, ■ est qu'elle aime ce type après ■ qu'il lui a fait !
3. Quelles chaussures préférez-vous ? - ■ qui me plaisent ne sont pas confortables… alors, je n'arrive pas à choisir !
4. Quel stylo veux-tu que je choisisse ? - Mais, je n'en sais rien, moi ! C'est ton anniversaire et ton cadeau : choisis ■ que tu veux !

★

2 **Elle donne des ordres à toute sa famille ! Rédigez ces ordres en combinant les deux colonnes :**

Il faut que	laver la vaisselle
J'exige que	se coucher tôt
Je dis que	finir les devoirs avant le dîner
Je pense que	regarder la télé jusqu'à 9 heures
Je demande que	nettoyer la baignoire après le bain
	ranger les affaires

★

3 **Mettez les verbes entre parenthèses au temps qui convient :**
1. Si tu *(être)* gentil, tu *(prendre)* ton saxo et tu *(aller)* jouer dans ta chambre !…
2. Tu *(pouvoir)* la convaincre qu'elle fait une erreur en choisissant des études littéraires : elle est meilleure en maths !
3. Vous *(devoir)* mieux réussir au collège !
4. Si tu *(sortir)*, *(fermer)* toutes les lumières !

★

4 **Remplacez les mots soulignés par un pronom possessif :**
1. Comment va votre chat ? <u>Notre chat</u> est très malade.
2. Je vais prêter mes bottes à Claudine, <u>ses bottes</u> prennent l'eau.
3. Tu as un crayon ? J'ai perdu <u>mon crayon</u>.
4. Ce serait sympa de leur prêter notre caméra pour les vacances, <u>leur caméra</u> est cassée.
5. Ce chapeau est à toi ? - Non, ce n'est pas <u>mon chapeau</u> : tu me vois avec un chapeau ?

★

5 **Complétez si nécessaire par un déterminant ou une préposition :**
Alexandre connaît très bien ■ Espagne, ■ Portugal, ■ Grèce et ■ Pays-Bas où il voyage souvent pour ■ travail, car il est guide professionnel.
Depuis deux ans, il habite ■ Bruxelles.
Tous ■ vendredis, il prend ■ TGV pour ■ Paris où il passe ■ week-end dans ■ famille.
Une fois par ■ mois, il emmène ■ groupe ■ touristes ■ Istanbul ■ Turquie.
Il rêve de connaître ■ Japon et ■ Amérique du Sud.
Alexandre n'a qu'une passion dans ■ vie : ■ métier !

BOÎTE À OUTILS

GÉOGRAPHIE

Coup d'œil sur l'Europe
La grande Europe dans tous ses états.
La C.E. compte, en 1989, 343 millions d'habitants.

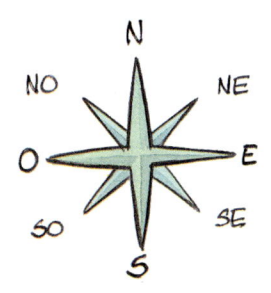

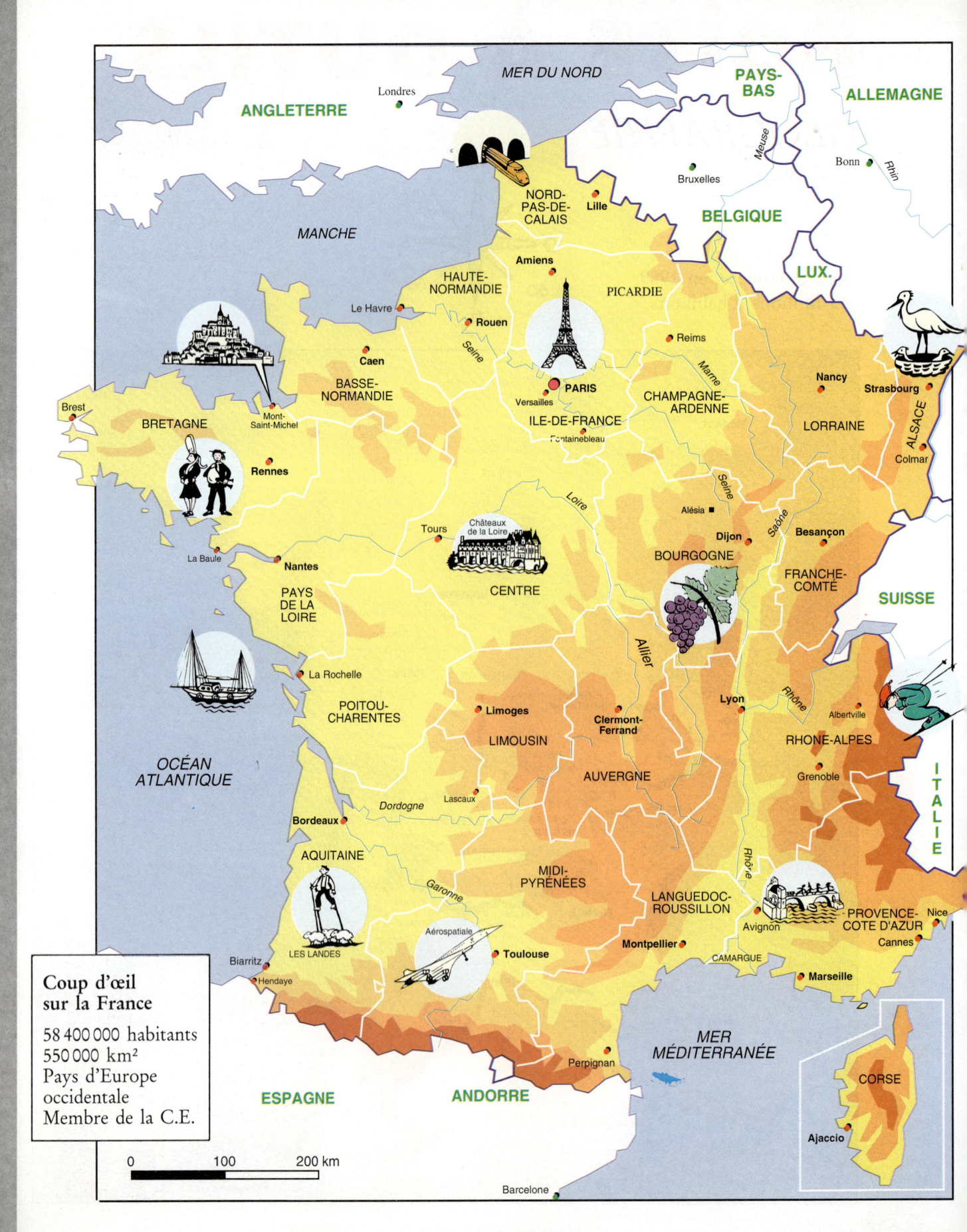

Coup d'œil sur la France

58 400 000 habitants
550 000 km²
Pays d'Europe occidentale
Membre de la C.E.

SCIENCES NATURELLES
Le corps humain

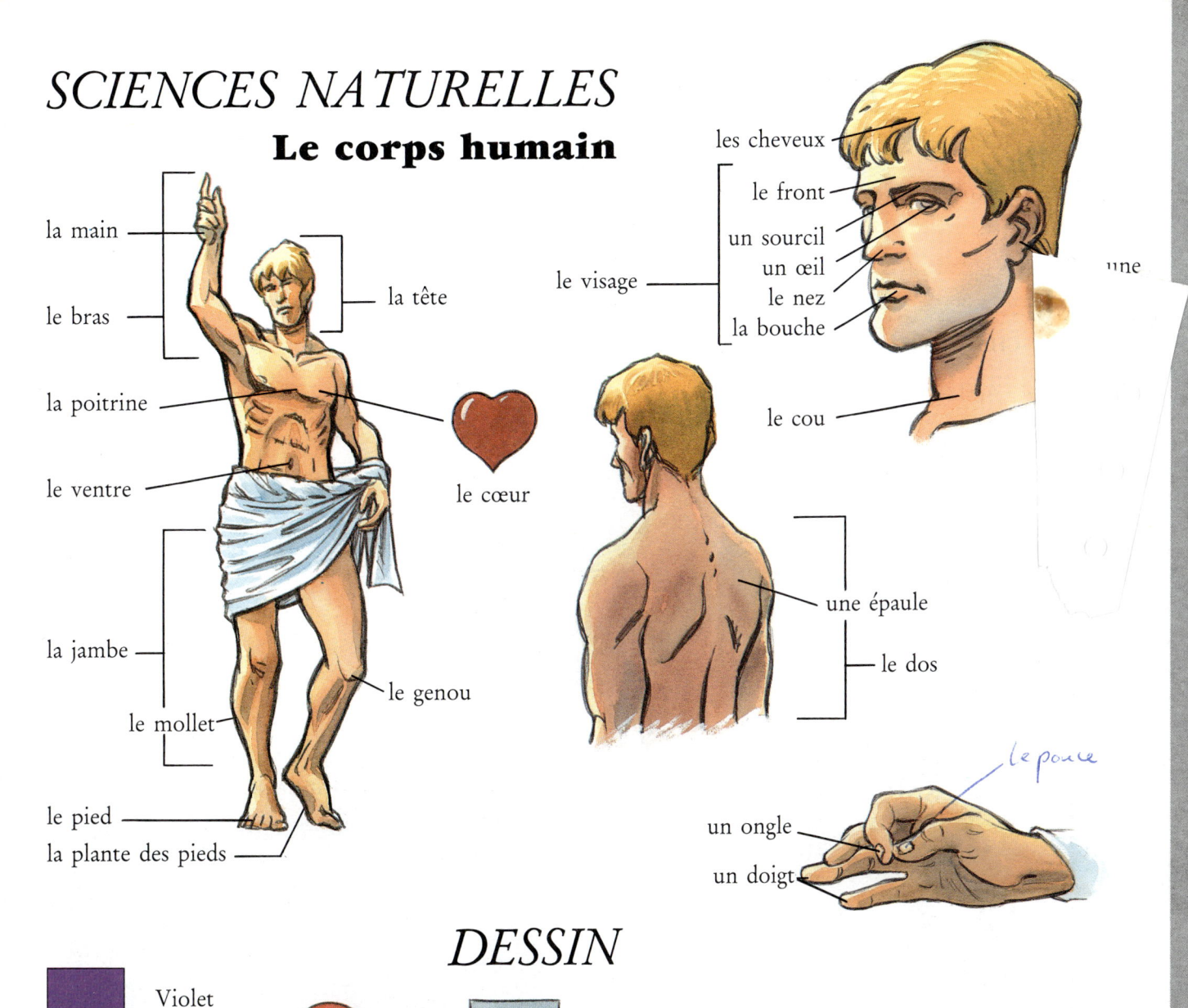

- la main
- le bras
- la tête
- la poitrine
- le ventre
- le cœur
- la jambe
- le genou
- le mollet
- le pied
- la plante des pieds

- le visage
  - les cheveux
  - le front
  - un sourcil
  - un œil
  - le nez
  - la bouche
- le cou

- une épaule
- le dos

- le pouce
- un ongle
- un doigt

DESSIN

- Violet
- Bleu
- Vert
- Jaune
- Orange
- Rouge
- Rose
- Blanc
- Gris
- Noir

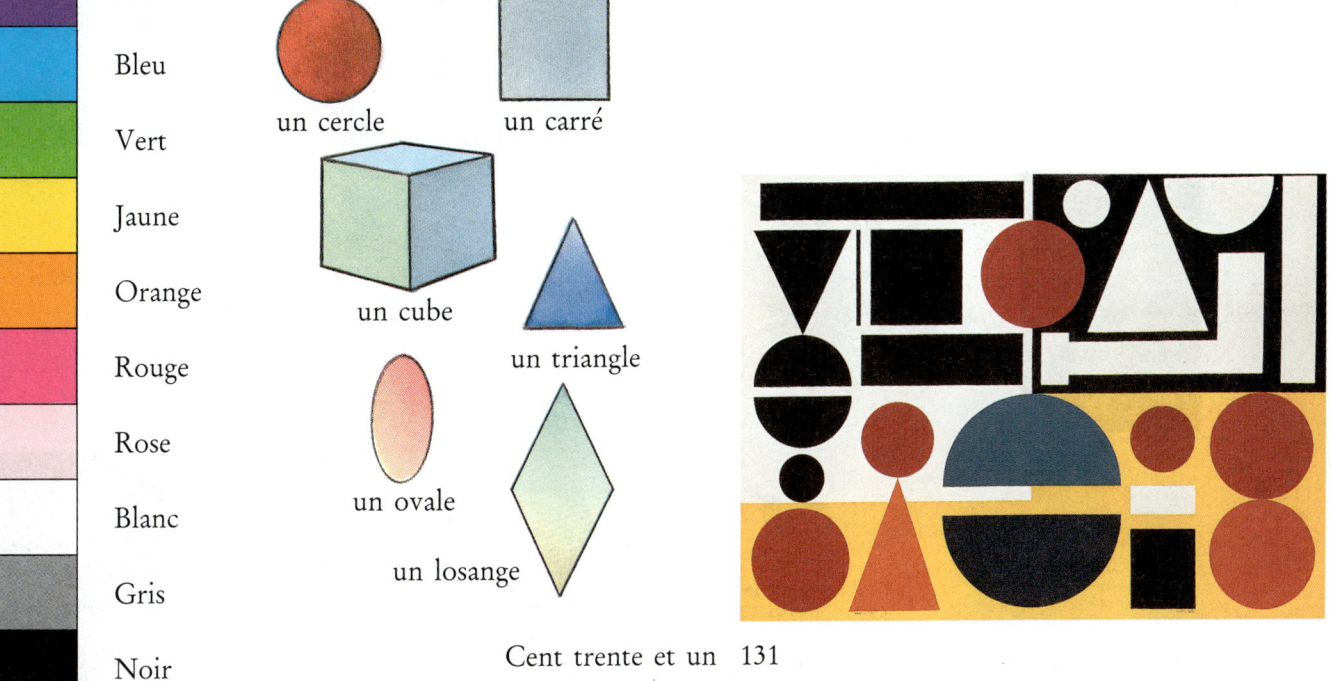

- un cercle
- un carré
- un cube
- un triangle
- un ovale
- un losange

Cent trente et un 131

HISTOIRE

DATES

LE TEMPS DES GAULOIS — 52 av. J.-C.

Vercingétorix

LE TEMPS DES CHEVALIERS
(Le Moyen Âge) — 800 — Charlemagne

Jeanne d'Arc à Orléans — 1429

(XVIᵉ siècle) LA RENAISSANCE

Chambord

La Fontaine
(1621-1695)

Louis XIV
(le Roi-Soleil)

(XVIIᵉ siècle) LE TEMPS DES MOUSQUETAIRES

(XVIIIᵉ siècle) LE SIÈCLE DES LUMIÈRES

J.-J. Rousseau ▶
(1712-1778)

◀ Diderot
(1713-1784)

Voltaire ▶
(1694-1778)

Prise de la Bastille	1789	LA RÉVOLUTION FRANÇAISE
		LE XIXᵉ SIÈCLE
Napoléon Sainte-Hélène		
Sacre de Napoléon Iᵉʳ	1802	
Les Misérables	1862	
Joséphine de Beauharnais		
Jules Ferry (La réforme de l'enseignement)	1891	
		Le XXᵉ SIÈCLE
1ʳᵉ guerre mondiale	1914-1918	
G. Apollinaire blessé à la guerre (1890-1918)		
2ᵉ guerre mondiale	1939-1945	
Traité de Rome	1951	
◄ Vᵉ République	1958	
	1981	François Mitterrand
Charles de Gaulle (1890-1970)		
L'Acte Unique (Communauté européenne)	1993	

Cent trente-trois   133

ÉCONOMIE
Argent et prix

MATHÉMATIQUES

Unités de mesure

1 kg (un kilogramme) (un kilo)  = 1 000 g (mille grammes)

38° (trente-huit degrés)

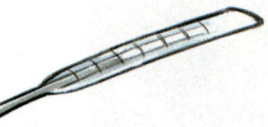

1 m² = un mètre carré
1 m³ = un mètre cube

1 m (un mètre) = 10 dm (dix décimètres)
= 100 cm (cent centimètres)
1 km (un kilomètre) = 1 000 m (mille mètres)

Pourcentages

10 % dix pour cent
25 % vingt-cinq pour cent
25,7 % vingt-cinq (virgule) sept pour cent

Chiffres et nombres

De 1 à 141,
voir la pagination du livre.

À partir de 142

150 cent cinquante
151 cent cinquante et un

200 deux cents, 201 deux cent un
300 trois cents

À partir de 1 000

1 000 mille
1 001 mille un
1 050 mille cinquante
1 151 mille cent cinquante et un

2 000 deux mille
1 000 000 un million
1 400 000 un million quatre cent mille
1 500 000 un million cinq cent mille ou
           un million et demi

Nombres ordinaux

1er premier   5e cinquième
1re première   6e sixième
2e deuxième   7e septième
3e troisième   8e huitième
4e quatrième   9e neuvième

Heure

	1 h une heure	2 h 10 deux heures dix	3 h 15 trois heures un quart	4 h 30 quatre heures et demie	5 h 45 six heures moins le quart	12 h midi
Matin						
Après-midi	13 h treize heures	14 h 10 quatorze heures dix	15 h 15 quinze heures quinze	16 h 30 seize heures trente	17 h 45 dix-sept heures quarante-cinq	0 h minuit

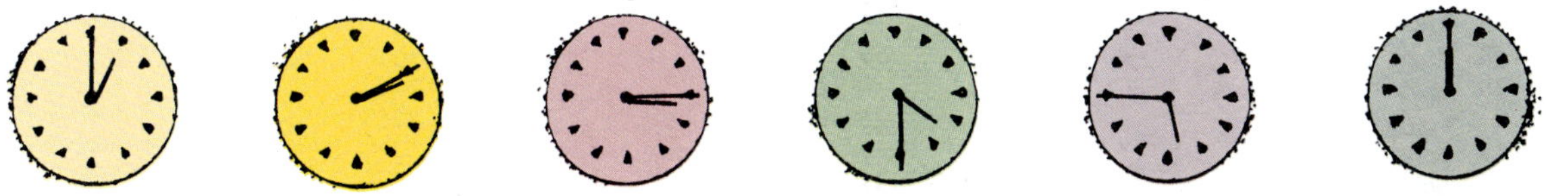

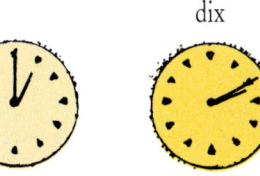

Date

La semaine :

lundi
mardi
mercredi
jeudi
vendredi
samedi
dimanche

Les mois :

janvier   juillet
février   août
mars   septembre
avril   octobre
mai   novembre
juin   décembre

Les saisons

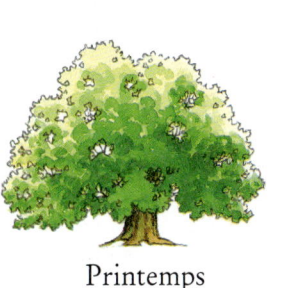

Printemps    Été

Automne    Hiver

FRANÇAIS

A	B	C	D	E	F	G
a	b	c	d	e	f	g

Alphabet

Lexique

a

- 29 à travers
- 9 abandonner
- 61 accent (un)
- 39 accepter
- 36 acclamer
- 8 accompagner (s')
- 4 accrochage (un)
- 50 accrocher
- 60 accueil (un)
- 60 accueillir
- 50 acrobatie (une)
- 6 adorable (-ø)
- 4 adulte (un/une)
- 7 affolement (un) *affolo*
- 36 affronter
- 37 agir
- 50 agréable (-ø)
- 50 agrès (un)
- 56 agriculture (une)
- 34 aider
- 61 ailleurs (d'…)
- 46 ainsi
- 48 aise (une)
- 48 alimentation (une)
- 37 allié (un)
- 8 amateur (un)
- 8 ami (un)
- 35 amour (un)
- 35 amoureux (-euse)
- 5 ancien (-ne)
- 8 anglo-saxon (-ne)
- 86 appareil (un)
- 51 applaudir
- 47 apprécier
- 7 approcher (s')
- 59 approuver
- 50 arbre (un)
- 59 argument (un)
- 37 argumenter
- 36 armer
- 108 arranger (s')
- 51 arrêter
- 39 art (un)
- 60 asile (un)
- 124 assurer
- 51 asymétrique (ø)
- 37 attaquer
- 60 attitude (une)
- 37 au cours de…
- 37 autour
- 59 avancer
- 47 avis (un)

b

- 18 baccalauréat (un) (bac)
- 17 bagage (un)
- 4 baigner (se)
- 24 balayeur (un)

- 4 baleine (une)
- 4 banc (un)
- 17 bande (une)
- 61 banlieue (une)
- 26 banque (une)
- 51 barre (une)
- 48 *baskets (les)*
- 57 bataille (une)
- 4 bateau (un)
- 5 battre
- 28 béton (le)
- 57 blanc (-he)
- 28 bloc (un)
- 38 boire
- 14 bois (un)
- 35 bonheur (le)
- 4 bord (un)
- 4 bosse (une)
- 61 bouche (une)
- 19 bouger
- 61 *boulot (un)*
- 112 *boum (une)*
- 50 branche (une)
- 61 broyer
- 17 but (un)

c

- 47 *cake (un)*
- 46 camp (un)
- 4 capitaine (un)
- 14 capitale (une)
- 59 caractère (un)
- 5 carnet (un)
- 25 carrière (une)
- 9 cassette (une)
- 37 cause (une)
- 14 célèbre (-ø)
- 25 central (-e)
- 49 certain (-e)
- 46 chacun (-e)
- 35 chagrin (un)
- 16 chambre (une)
- 51 championnat (un)
- 50 championne (une)
- 34 chasse (la)
- 24 chasse (… d'eau) (une)
- 6 chat (un)
- 16 chauffage (un)
- 24 chaussée (une)
- 57 chef (un)
- 17 cheval (un)
- 34 chevalier (un)
- 56 chevelu (-e)
- 7 *chewing-gum (un)*
- 59 choix (un)
- 8 chorale (une)
- 17 chose (une)
- 26 cimetière (un)
- 56 cinquantaine (une)

H	h
I	i
J	j
K	k
L	l
M	m
N	n
O	o
P	p
Q	q

25	circuler	59	décider	46	enlever
28	cité (une)	59	décision (une)	102	ennui (un)
6	clair (-e)	51	découragement (le)	8	enregistrement (un)
26	classique (un)	4	découverte (une)	9	enregistrer
7	clientèle (une)	8	découvrir	8	ensuite
7	clin d'œil (un)	46	décrire	25	entasser
5	cœur (un)	34	défendre	4	entendre (s')
6	coiffer	93	défense (une)	93	entrer
37	colère (une)	112	délicieux (-euse)	39	envie (une)
18	combatif (-tive)	61	déménager	56	environ
60	commentaire (un)	27	dépenser	46	espace (un)
56	commun (en commun)	18	depuis	46	essayage (un)
19	communiquer	4	destination (une)	69	été (un)
50	compétition (une)	37	détailler	8	étude (une)
37	compliment (un)	35	deuil (un)	47	étudier
18	comportement (un)	49	développer	7	exactement
9	composer	6	devenir	50	excitant (-e)
26	compte (un)	17	devise (une)	60	exclusion (une)
49	concentration (la)	57	dieu (un)	102	excuser (s')
50	concentrer	51	difficilement	9	exemple (un)
9	concert (un)	19	difficulté (une)	19	exister
118	conduire	112	dîner	37	explication (une)
124	confiance (une)	18	direction (une)	46	expliquer
16	confort (le)	37	discussion (une)	17	exposé (un)
16	confortable (-ø)	89	disque (un)	7	exprès
50	consacrer	24	distance (une)	39	exprimer (s')
35	consacrer à (se)	56	diviser	25	extérieur (-ø)
25	consister en	122	docteur (un)		
16	construire	8	domaine (un)		**f**
46	contenir	49	dormir	28	fable (une)
46	continuellement	37	dos (un)	28	façon (une)
37	convaincre	24	douche (une)	8	faculté (une)
48	convenir	17	doux (douce)	37	faible (-ø)
49	corps (un)	37	droit (un)	18	fait (un)
24	correspondre	51	dur (-e)	57	famille (la)
26	corvée (une)	36	durer	56	famine (une)
19	coup (un) (du coup)			9	fatalement
16	Cour (la)		**e**	27	*fauche (la)*
27	coûteux (-euse)	38	écran (un)	102	faute (une)
36	craquer	28	écrivain (un)	56	fer (le)
9	créer	5	effort (un)	35	fidélité (la)
47	crème (une)	25	égout (un)	38	fois (une)
47	crevette (une)	24	égoutier (un)	82	fond (un)
34	croisade (une)	4	emmener	14	fontaine (une)
57	cueillir	37	empêcher	19	football (le) (foot)
5	cuisine (une)	17	emporter	56	forêt (une)
47	cuisiner	27	emprunter	48	forme (une)
18	culture (une)	47	en bas	34	fort (-e)
		29	en tout cas	34	forteresse (une)
	d	50	enchaînement (un)	6	frais (fraîche)
8	d'abord	14	encombrement (un)	27	*frimeur (un)*
27	date (une)	46	encyclopédie (une)	16	froid (le)
59	dauphin (un)	50	énerver	46	fumer
19	davantage	4	*engueuler (s')*	7	fusiller

g

- 24 galerie (une)
- 36 galoper
- 27 gare !
- 25 gaz (un)
- 16 geler
- 59 gênant (-e)
- 37 général (-e)
- 28 gens (les)
- 26 gérer
- 49 gloire (une)
- 19 goût (un)
- 49 grandir
- 9 gratuit (-e)
- 50 grimper
- 8 groupe (un)
- 28 guerre (une)
- 34 guerrier (un)
- 8 guitare (une)
- 50 gymnaste (un/une)

h

- 14 habitant (un)
- 9 habitude (une)
- 28 herbe (une)
- 34 héros (un)
- 59 hésiter
- 7 heureusement
- 16 hiver (un)
- 56 honorer
- 14 hôtel (un)

i

- 8 idole (une)
- 56 ignorer
- 26 imagination (une)
- 37 imbécile (un)
- 28 immense (-ø)
- 60 immigration (une)
- 60 immigré (un)
- 34 incapable (-ø)
- 37 indication (une)
- 17 indiscret (-ète)
- 56 industrie (une)
- 29 innocent (-e)
- 108 inquiet (-ète)
- 37 insolent (-e)
- 16 installer (s')
- 60 intégration (une)
- 46 intégrer
- 18 intelligence (une)
- 93 interdire
- 19 interroger
- 50 intimider
- 28 inventer
- 112 inviter

j

- 6 juge (un)
- 25 jusque
- 50 juste

k

- 6 kilo (un)
- 16 kilomètre (un)

l

- 17 laisser
- 7 lancer
- 35 langage (un)
- 19 langue (une)
- 7 large (-ø)
- 28 lauréat (-e)
- 14 liberté (la)
- 26 libre (-ø)
- 8 licence (une)
- 14 litre (un)
- 28 littérature (la)
- 56 loi (une)
- 28 loin
- 5 longueur (une)
- 27 look (le)
- 17 lorsque
- 57 lune (la)
- 14 luxe (un)
- 8 lycée (un)

m

- 7 mâcher - mâchouiller
- 26 machine à laver (une)
- 89 magnifique (-ø)
- 7 main (une)
- 82 mairie (une)
- 57 maître (un)
- 37 majorité (la)
- 99 malheureux (-euse)
- 46 mallette (une)
- 18 manière (une)
- 16 manquer
- 6 maquiller
- 6 masque (un)
- 9 matériel (un)
- 9 mathématicien (un)
- 19 matière (une)
- 27 méfier (se)
- 46 membre (un)
- 19 mener
- 17 mentir
- 47 menu (un)
- 28 message (un)
- 6 mesurer
- 47 mètre (un)
- 47 miette (une)
- 18 mieux
- 56 million (un)
- 17 mini-jeu (un)
- 19 mixte (-ø)
- 56 moderne (-ø)
- 28 moins
- 9 moment (un)
- 28 morale (une)
- 56 mort (la)
- 19 mot (un)
- 50 motiver
- 16 moucher (se)
- 26 mouchoir
- 19 mouvement (un)
- 27 moyen (un)
- 8 musicien (un)

n

- 5 nager
- 78 naître
- 49 natation (la)
- 78 nationalité (une)
- 49 nerveux (-euse)
- 19 net (-te)
- 24 nettoyer
- 26 nombreux (-euse)
- 6 nommer
- 99 normal (-e)
- 19 note (une)
- 28 nucléaire (-ø)

o

- 19 observer
- 59 occasion (une)
- 16 odeur (une)
- 5 onde (une)
- 19 opinion (une)
- 6 origine (une)
- 7 oser
- 25 ossement (un)
- 16 ouvrier (un)

p

- 16 palais (un)
- 59 paralyser
- 26 parfois
- 17 parmi
- 29 parole (une)
- 17 partager
- 57 participer
- 60 partisan (un)
- 38 passe-temps (un)
- 9 passeport (un)
- 9 passer
- 69 passer de... (se)
- 8 passion (une)
- 6 pavillon (un)
- 48 peau (une)
- 14 peine (à-)
- 26 pelouse (une)
- 25 pénible (-ø)
- 50 penser
- 49 perdre
- 8 période (une)
- 93 permettre
- 6 personnalité (une)
- 34 peser
- 56 peuple (un)
- 56 peupler
- 47 pharmacie (une)
- 102 pied (un)
- 27 piège (un)
- 14 pierre (une)
- 8 plaisir (un)
- 24 plaque (une)
- 47 plat (un)
- 38 pleurer
- 59 plonger
- 28 plupart (la... de)
- 36 plusieurs
- 19 plutôt
- 7 poche (une)
- 51 podium (un)
- 48 poids (un)
- 6 point (un)
- 60 population (une)
- 8 portrait (un)
- 18 poste (un)
- 47 poulet (un)
- 50 poursuivre
- 61 pourtant
- 39 pousser
- 39 pratiquement
- 37 précis (-e)

19	préférence (une)	59	retourner (se)		**t**	
6	près	5	retrouver	7	taille (une)	
50	présence (une)	9	réussir	118	tant	
86	présenter	38	revenir	115	taxi (un)	
17	prêter	38	rêver	19	technologie (une)	
57	prêtre (un)	5	revoir	28	tel, telle, tels, telles	
26	preuve (une)	56	riche (-ø)	38	tellement	
27	prévoir	16	rideau (un)	60	tendance (une)	
127	prière (une)	4	*rigoler*	6	tenue (une)	
9	progrès (un)	38	rire	5	terminer	
26	proposer	16	roi (un)	5	terre (une)	
26	proposition (une)	35	rouge (-ø)	89	terrible (-ø)	
47	pruneau (un)			50	terriblement	
14	public (publique)		**s**	56	territoire (un)	
9	public (un)	57	sacré (-e)	47	tête (une)	
27	publicité (la) (pub)	51	sacrifice (un)	59	têtu (-e)	
		14	sale (-ø)	59	tigre (un)	
	q	7	salopette (une)	26	tirelire (une)	
14	quai (un)	48	sauter	24	tirer	
18	question (une)	57	savant (un)	16	toilettes (les)	
16	quitter	19	scientifique (-ø)	7	tomber	
28	quotidien (-ne)	59	séduisant (-e)	26	tondre	
		16	seigneur (un)	6	tortue (une)	
	r	4	sélection (une)	18	tôt	
28	racisme (le)	46	semaine (une)	105	toupet (le)	
60	radicaliser	59	sembler	36	tour (un)	
36	raffoler de	51	sensation (une)	25	toxique (-ø)	
37	*râler*	48	sentir	9	trac (le)	
6	ramener	61	sentir (se)	60	tradition (une)	
127	ranger	26	service (un)	58	tragique (-ø)	
49	rapidement	28	seul (-e)	61	traîner	
127	rapporter	29	seulement	59	trancher	
28	rassurer	4	sévère (-ø)	25	transporter	
26	rat (un)	60	siècle (un)	16	travail (un)	
7	rayon (un)	59	signifier	5	traversée (une)	
51	réalisable (-ø)	59	singe (un)	59	trébucher	
39	réalisateur (un)	39	sinon	34	trentaine (une)	
60	récemment	17	société (une)	56	tribu (une)	
28	récit (un)	60	sociologue (un/une)	29	tristesse (la)	
96	recommencer	37	soi	59	tromper (se)	
56	recouvrir	112	soirée (une)	24	trottoir (un)	
18	redoubler	47	sol (le)	17	type (un)	
57	redouter	26	solution (une)			
38	réfléchir	49	sommeil (un)		**u**	
17	refuser	99	souci (un)	24	unique (-ø)	
7	regard (un)	39	souffrir	28	univers (un)	
112	regretter	118	souhaiter			
26	regrouper	57	source (une)		**v**	
49	relaxer (se)	24	sous-sol (le)	36	vainqueur (un)	
34	relever (se)	51	souvenir (un)	24	vaisselle (une)	
25	relier	47	spationaute (un)	25	vaste (-ø)	
27	remarquer	47	spécial (-e)	26	vendre	
27	rembourser	47	spécialement	17	véritable (-ø)	
50	rendre (se... compte)	46	stagiaire (un/une)	35	vêtement (un)	
17	repartir	9	studio (un)	46	vêtir	
47	repas (un)	6	style (un)	24	vide (-ø)	
26	repeindre	28	stylo (un)	4	vie (une)	
26	repérer	51	sucrerie (une)	34	villageois (un)	
7	répéter	25	sud (le)	14	ville (une)	
59	réplique (une)	34	suffire	16	vin (le)	
37	réponse (une)	37	sujet (un)	35	violet (-te)	
99	reposer (se)	48	supposer	60	vis-à-vis de	
28	représenter	27	sûr (-e)	26	volet (un)	
25	réseau (un)	29	surprise (une)	17	volley	
60	résider	57	symbole (un)	4	volonté (une)	
27	résister	35	symboliser	17	voyage (un)	
56	respecter	49	symétrique (-ø)	19	vrai (-e)	
18	résultat (un)	49	système (un)			
28	retenir					

Tableaux de conjugaison

INFINITIF	INDICATIF			
	PRÉSENT	IMPARFAIT	FUTUR	PASSÉ COMPOSÉ
ÊTRE	tu es vous êtes	tu étais vous étiez	tu seras vous serez	tu as été vous avez été
AVOIR	tu as vous avez	tu avais vous aviez	tu auras vous aurez	tu as eu vous avez eu
ALLER	tu vas vous allez	tu allais vous alliez	tu iras vous irez	tu es allé(e) vous êtes allé(e)s
FAIRE	tu fais vous faites	tu faisais vous faisiez	tu feras vous ferez	tu as fait vous avez fait
PARLER	tu parles vous parlez	tu parlais vous parliez	tu parleras vous parlerez	tu as parlé vous avez parlé
ACHETER	tu achètes vous achetez	tu achetais vous achetiez	tu achèteras vous achèterez	tu as acheté vous avez acheté
APPELER	tu appelles vous appelez	tu appelais vous appeliez	tu appelleras vous appellerez	tu as appelé vous avez appelé
FINIR	tu finis vous finissez	tu finissais vous finissiez	tu finiras vous finirez	tu as fini vous avez fini
PARTIR	tu pars vous partez	tu partais vous partiez	tu partiras vous partirez	tu es parti(e) vous êtes parti(e)s
VENIR	tu viens vous venez	tu venais vous veniez	tu viendras vous viendrez	tu es venu(e) vous êtes venu(e)s
ATTENDRE	tu attends vous attendez	tu attendais vous attendiez	tu attendras vous attendrez	tu as attendu vous avez attendu
APPRENDRE	tu apprends vous apprenez	tu apprenais vous appreniez	tu apprendras vous apprendrez	tu as appris vous avez appris
SAVOIR	tu sais vous savez	tu savais vous saviez	tu sauras vous saurez	tu as su vous avez su
POUVOIR	tu peux vous pouvez	tu pouvais vous pouviez	tu pourras vous pourrez	tu as pu vous avez pu
DEVOIR	tu dois vous devez	tu devais vous deviez	tu devras vous devrez	tu as dû vous avez dû
VOULOIR	tu veux vous voulez	tu voulais vous vouliez	tu voudras vous voudrez	tu as voulu vous avez voulu
RECEVOIR	tu reçois vous recevez	tu recevais vous receviez	tu recevras vous recevrez	tu as reçu vous avez reçu
CONNAÎTRE	tu connais vous connaissez	tu connaissais vous connaissiez	tu connaîtras vous connaîtrez	tu as connu vous avez connu

IMPÉRATIF PRÉSENT	SUBJONCTIF PRÉSENT	CONDITIONNEL PRÉSENT	PARTICIPES PASSÉ PRÉSENT	INFINITIF
sois ! soyez !	que tu sois que vous soyez	tu serais vous seriez	été étant	ÊTRE
aie ! ayez !	que tu aies que vous ayez	tu aurais vous auriez	eu(e) ayant	AVOIR
va ! allez !	que tu ailles que vous alliez	tu irais vous iriez	allé(e) allant	ALLER
fais ! faites !	que tu fasses que vous fassiez	tu ferais vous feriez	fait(e) faisant	FAIRE
parle ! parlez !	que tu parles que vous parliez	tu parlerais vous parleriez	parlé(e) parlant	PARLER
achète ! achetez !	que tu achètes que vous achetiez	tu achèterais vous achèteriez	acheté(e) achetant	ACHETER
appelle ! appelez !	que tu appelles que vous appeliez	tu appellerais vous appelleriez	appelé(e) appelant	APPELER
finis ! finissez !	que tu finisses que vous finissiez	tu finirais vous finiriez	fini(e) finissant	FINIR
pars ! partez !	que tu partes que vous partiez	tu partirais vous partiriez	parti(e) partant	PARTIR
viens ! venez !	que tu viennes que vous veniez	tu viendrais vous viendriez	venu(e) venant	VENIR
attends ! attendez !	que tu attendes que vous attendiez	tu attendrais vous attendriez	attendu(e) attendant	ATTENDRE
apprends ! apprenez !	que tu apprennes que vous appreniez	tu apprendrais vous apprendriez	appris(e) apprenant	APPRENDRE
sache ! sachez !	que tu saches que vous sachiez	tu saurais vous sauriez	su(e) sachant	SAVOIR
	que tu puisses que vous puissiez	tu pourrais vous pourriez	pu pouvant	POUVOIR
dois ! devez !	que tu doives que vous deviez	tu devrais vous devriez	dû (due) devant	DEVOIR
veuille ! veuillez !	que tu veuilles que vous vouliez	tu voudrais vous voudriez	voulu(e) voulant	VOULOIR
reçois ! recevez !	que tu reçoives que vous receviez	tu recevrais vous recevriez	reçu(e) recevant	RECEVOIR
connais ! connaissez !	que tu connaisses que vous connaissiez	tu connaîtrais vous connaîtriez	connu(e) connaissant	CONNAÎTRE

Table des matières

PILE

N° U		Rubrique	Pages	Titre de l'unité	Civilisation	Vocabulaire
1		SOMMAIRE	3	Agenda : septembre-octobre	Événements - Europe	
	1	Reportage	4-5	Aujourd'hui : Les enfants de la baleine	Une autre école	les animaux - la mer
	2	Vie pratique	6-7	Trouvez votre style!	La mode - le style	le visage - les vêtements
	3	Rencontre	8-9	Avec Jean-Pierre, musicien amateur	La musique	la musique - les études
	4	Récit	10	Compte	Relations parents/enfants	les sentiments - les nombre
	5	Entracte	12	Une bande dessinée. Une chanson		
2		SOMMAIRE	13	Agenda : novembre-décembre	Événements - Europe	
	1	Reportage	14 à 16	Hier : Vivre au temps des Mousquetaires du Roi	L'histoire de France Versailles - L'Europe	la ville - le confort
	2	Test	17	Quel type d'ami êtes-vous?	L'amitié	les sentiments
	3	Enquête	18-19	Filles ou garçons : quelles chances de réussite?	Différences scolaires entre filles et garçons	les études les métiers
	4	Récit	20-21	Cochonou	La différence	le corps - les sentiments
	5	Entracte	22	Des devinettes. Un poème Une chanson		
3		SOMMAIRE	23	Agenda : janvier-février	Événements - Europe	
	1	Reportage	24-25	Aujourd'hui : Les mystères du sous-sol de Paris	Les égouts Les Catacombes	les travaux ménagers la ville
	2	Vie pratique	26-27	Gérez votre argent!	L'argent de poche	l'argent - la banque
	3	Rencontre	28-29	Avec Sophie Solal, écrivain en herbe	La vocation littéraire	la banlieue - les romans
	4	Récit	30-31	L'autre	Le conformisme	la mode - les sentiments
	5	Entracte	32	Une histoire drôle. Un poème Une chanson		
4		SOMMAIRE	33	Agenda : mars-avril	Événements - Europe	
	1	Reportage	34 à 36	Hier : Vivre au temps des Chevaliers	L'histoire de France Le Moyen Âge. L'Europe	la maladie - les couleurs
	2	Test	37	À quelle liberté tenez-vous le plus?	Les droits des enfants	les opinions les comportements
	3	Enquête	38-39	Le cinéma : passe-temps ou passion?	Le cinéma	les loisirs - les goûts
	4	Récit	40 à 43	Le chômeur	Le chômage - la vie familiale	la famille - le travail
	5	Entracte	44	Une histoire drôle. Une chanson		
5		SOMMAIRE	45	Agenda : mai-juin	Événements - Europe	
	1	Reportage	46-47	Aujourd'hui : le Camp de l'espace	D'autres loisirs L'astronautique	les loisirs les aliments
	2	Vie pratique	48-49	Gardez la forme!	L'alimentation - l'hygiène le sport	les aliments - l'hygiène la gymnastique
	3	Rencontre	50-51	Avec Jenny Rolland, gymnaste junior	Les jeunes sportifs	le sport
	4	Récit	52-53	Rencontre du deuxième type	La peur dans le métro	les transports - les sentiments
	5	Entracte	54	Une bande dessinée. Une chanson		
6		SOMMAIRE	55	Agenda : juillet-août	Événements - Europe	
	1	Reportage	56 à 58	Hier : Vivre au temps des Gaulois	L'histoire de France La Gaule - L'Europe	les outils - la guerre la religion - les femmes
	2	Test	59	Savez-vous prendre une décision?	Les motivations	les opinions - les actions
	3	Enquête	60-61	Français et immigrés : vivre ensemble?	L'immigration en France	l'intégration des immigrés
	4	Récit	62-63	Le cadeau	L'amour - la pauvreté	les cadeaux - le travail
	5	Entracte	64	Une histoire drôle. Un poème Une chanson		

FACE — Table des matières

N°	U	Rubrique	Pages	Communication Situations	Communication Actes de parole	Grammaire	Phonétique
1	1	Reportage	66 à 69	À l'aéroport	Interroger sur des activités passées	*Révisions* : masculin/féminin présent - impératif	[j]
	2	Vie pratique	70 à 74	Dans un grand magasin	Interroger sur une personne	*Révisions* : verbes pronominaux • forme négative des verbes pronominaux • nom complément de nom	[aj] [ɛj] [ij]
	3	Rencontre	74 à 78	Des places pour un concert	Interroger sur une personne (suite)	*Révisions* : singulier/pluriel p.p. complément indirect • forme négative des verbes avec p.p. complément indirect • Où (pronom relatif)	[œj] [ɛj]
2	1	Reportage	79 à 82	À la station-service	Demander/indiquer le chemin	*Révisions* : au/aux - du/des p.p. complément direct • forme négative des verbes avec p.p. c.o.d. • Quantitatifs • Y (pronom)	[waj] [yij] [uj]
	2	Test	83 à 86	Devant un restaurant	Se présenter/présenter quelqu'un	*Révisions* : accord des adjectifs qualificatifs - passé composé • Place des adjectifs qualificatifs • Accord du p.p. au passé composé	[b] [p]
	3	Enquête	86 à 89	À la poste	Demander/donner un avis	*Révisions* : imparfait - comparaison • Plus de... que de... • Qui (pronom relatif)	[d] [t]
		BILAN	90				
3	1	Reportage	91 à 93	À la porte d'un commissariat de police	Demander la permission/permettre	*Révisions* : participe passé - adjectifs démonstratifs • Superlatifs	[ɔ] [o]
	2	Vie pratique	93 à 96	Au comptoir	Mettre en garde	*Révisions* : adjectifs possessifs - futur • Que (pronom relatif)	[m] [n]
	3	Rencontre	97 à 99	Dans une librairie-papeterie	Se plaindre/consoler	*Révisions* : articles partitifs futur proche • Ce qui, ce que • Si...	[v] [f]
4	1	Reportage	100 à 102	Avant un match de rugby	Reprocher/s'excuser	• Dont (pronom relatif) • Participe présent • Passé récent • Adjectifs indéfinis • Gérondif • En (pronom) • C'est... qui/c'est... que • Présent continu	[a] [ɑ]
	2	Test	103 à 105	À une station de taxi	Protester/s'excuser		[pl] [bl] [pR] [bR]
	3	Enquête	106 à 108	À la pharmacie	Rassurer		[n] [ɲ]
		BILAN	109				
5	1	Reportage	110 à 112	Courrier	Inviter/accepter/refuser	• Pronoms démonstratifs • Subord. conj. (présent indicatif) • Adverbes (formation) • Subord. conj. (subj. présent) • Subjonctif présent • Pronoms indéfinis • Constructions impersonnelles	[ã] [an]
	2	Vie pratique	113 à 115	Dans une charcuterie	Demander/donner une opinion		[õ] [on]
	3	Rencontre	116 à 118	Avant de prendre le train	Demander/souhaiter		[ɛ̃] [ɛn]
6	1	Reportage	119 à 122	À une station d'autobus	Demander/donner un rendez-vous	• Préposition devant nom pays, ville • Conditionnel • Que (conj. subord.) + subj. (suite) • Pronoms possessifs • Si... + conditionnel • Depuis - il y a	[ks] [gs] Groupes de consonnes
	2	Test	122 à 124	Dans la cour du collège	Promettre		
	3	Enquête BILAN	125 à 127 128		Donner un ordre		

BOÎTE À OUTILS

Géographie 129-130
Sciences naturelles 131
Dessin 131
Histoire 132-133
Mathématiques 134-135
Français   lexique .... 136 à 139
               tableaux de conjugaison 140-141

CONCEPTION GRAPHIQUE ET MISE EN PAGE : Pascale Mac Avoy

ÉDITION : Gilles Breton

RECHERCHES ICONOGRAPHIQUES : Atelier d'Images

FABRICATION : Pierre David

RÉFÉRENCES PHOTOGRAPHIQUES :

3H : Jacana, Osmond-Mos ; **3MG** : Office du Tourisme Grec ; **3MD** : Gauvreau ; **4-5** : La Baleine Blanche ; **6-7** : Marco Polo, Bouillot ; **8-9** : Gauvreau ; **13H** : Explorer, Munoz ; **13MG** : Imapress, Action press ; **13MD** : Kharbine, Tapabor ; **13B** : Gamma, Simon ; **16HG** : Dagli Orti ; **16HD** : Charmet ; **16B** : Gamma, Bassignac ; **17** : Explorer, Hazat ; **18** : Sygma, Languepin ; **19G** : Odyssey, Keller ; **19D** : Gamma, Bou ; **23H** : Explorer, D'Orval ; **23MG** : Zefa ; **23MD** : Nathan ; **25H** : Mairie de Paris ; **25M** : Explorer, Dupont ; **26** : Jerrican Limier ; **27** : La Poste ; **28-29** : Nathan ; **33H** : Bibliothèque Nationale ; **33G** : Marco Polo, Bouret ; **33MD** : Explorer, Gleizes ; **36H** : Bibliothèque Nationale ; **36M** : Dagli Orti ; **36B** : Temps Sport, Iundt-Ruszniewski ; **37** : Musée National d'Art Moderne, Paris ; **38** : Ministère de la Culture ; **39H** : c UGC Distribution 1989 ; **39B** : Gamma, Dolfi Michels ; **45H** : Sygma, Compoint ; **45MG** : Explorer, Loirat ; **45MD** : Vandystadt, Marchdt ; **46** : Sygma, Compoint ; **47HM** : Sygma, Compoint ; **46BG** : Charmet ; **46BD** : Sygma, Tiziou ; **48** : Marco Polo, Bouillot ; **50H** : Vandystadt ; **50B** : Temps Sport, Renard ; **51** : Vandystadt, Guichaoua ; **54** : Wolinski ; **55H** : Sygma, Bisson ; **54MG** : Sygma, Giansanti ; **55MD** : Parc Astérix ; **56** : Dagli Orti ; **57HG** : Dagli Orti ; **57HD** : Astérix, Éditions Albert René ; **57B** : Parc Astérix ; **58** : Bibliothèque Nationale ; **59** : Gauvreau ; **60H** : Charmet ; **60MG** : SOS Racisme ; **60MD** : Larousse ; **61H** : Sygma, Darmigny ; **61MH** : Sygma, Jet Set ; **61M** : Sygma, Bourget ; **61MB** : Gamma, Pecaoux ; **61B** : Temps Sport, Vincent ; **65** : Rapho, Baret ; **132** : Bibliothèque Nationale, Roger-Viollet, Zefa, Dagli Orti, Charmet ; **133** : Charmet, Paris Match, Gamma, Présidence de la République.

SPADEM : Fernand Léger © 1992

N° d'éditeur 10045575 - III - (35) - (CABF-80)
Composition et Photogravure : Charente Photogravure
Imprimé en France, Mars 1998
par Mame Imprimeurs à Tours (n° 98012237)